工商管理与经济发展研究

陆飞翔 ◎著

中国纺织出版社有限公司

内 容 提 要

随着经济全球化的发展，我国的企业数量逐年增加，市场也已饱和。我国企业面临的市场竞争愈演愈烈。本书全面、系统地阐述了现代企业管理的理论和方法，对企业经营管理方法进行归纳和总结；本书着重介绍了我国企业经济发展的对策以促进企业发展。本书针对企业管理工作者所关注的热点，展开分析和讨论，可以有效辅助企业管理者更好地开展相关工作。

本书深入浅出地对企业管理的理论与运营进行分析。首先对工商管理的基本概念与企业模式的形成进行探讨；其次对经营环境进行深入分析，探讨了企业经营战略及其选择的要点，提出一些加强企业经营管理工作的方法；最后深入分析了企业经济的发展与未来。本书注重理论与实践相结合，内容条理清晰，具有深刻的启迪性，希望能为读者在企业经济发展、管理方面提供一些借鉴。

图书在版编目（CIP）数据

工商管理与经济发展研究 / 陆飞翔著. -- 北京：中国纺织出版社有限公司，2023. 5

ISBN 978-7-5229-0642-3

Ⅰ. ①工… Ⅱ. ①陆… Ⅲ. ①工商行政管理－研究－中国 ②企业经济－经济发展－研究－中国 Ⅳ. ①F203.9 ②F279. 2

中国国家版本馆CIP数据核字（2023）第097688号

责任编辑：史 岩　　责任校对：寇晨晨　　责任印制：储志伟

中国纺织出版社有限公司出版发行

地址：北京市朝阳区百子湾东里 A407 号楼　邮政编码：100124

销售电话：010—67004422　传真：010—87155801

http://www.c-textilep.com

中国纺织出版社天猫旗舰店

官方微博 http://weibo.com/2119887771

天津千鹤文化传播有限公司印刷　各地新华书店经销

2023 年 5 月第 1 版第 1 次印刷

开本：710×1000　1/16　印张：12.5

字数：210 千字　定价：99.90 元

前　言

　　企业经营的不断发展、科学化管理和进一步创新，对企业发展会造成什么样的影响呢？关于企业怎样落实创新驱动发展战略，国家提出了社会进步的核心是创新，创业能够推动经济的发展，并且有效地改善民生的发展方向。从中可以看出，"大众创业，万众创新"战略是推动中国经济不断发展的重要战略。因此，企业经营的进一步发展、科学化管理和创新，可以推动企业的可持续发展，有助于社会和国家的发展。

　　随着市场化经济体制的落实，特别是在社会主义市场化经济体制逐渐完善的背景下，企业的发展更要重视以创新占领市场份额和提升市场竞争力。就经营管理而言，主要指的是企业在制定自身成长规划以及战略目标的基础上，运用系统化的理论寻找企业管理过程中的问题，同时提出专业的解决对策，继而提高企业核心竞争力，并有效地增加企业的经营利润。社会经济发展与人民群众的日常生活及工作紧密联系，在社会经济发展过程中，企业具有重要的推动作用。所以，企业在社会经济发展过程中发挥着至关重要的作用，是社会经济发展的重中之重。

　　本书内容深入浅出，涵盖范围非常广，小到日常生活中的管理经验，大到跨国公司的经典案例，使读者更加形象、深刻地领略管理的科学性和艺术性，国内外优秀案例的呈现增强了本书的可阅读性和趣味性。创新是一个民族的灵魂，是一个国家兴旺发达的不竭动力，也是一个企业基业长青的源泉，只有依靠创新才能为企业带来新活力，才能掌握核心技术，才能走在世界的前列。研究对于创新的管理是具有战略性意义的，本书从观念创新、战略创新、技术创新、组织创新、制度创新、市场创新、管理创新、商业模式创新等方面展开讨论，开拓人们的思路，为创新管理提供理论依据。

　　本书在撰写过程中得到了许多同事和朋友的大力支持与协助，并参考借鉴了国内外相关专家的优秀研究成果，谨在此表示衷心的感谢！同时，在撰写过程中，我们深感能力有限，错误在所难免，希望借出版之机，得到学界同仁和广大读者朋友的批评指正。

陆飞翔

2023 年 5 月

目　录

第一章　工商管理的基本概念

第一节　工商行政

工商管理是一门研究营利性组织经营活动规律以及企业管理的理论、方法与技术的学科。如何充分调动员工的积极性，如何削减商业成本，如何抓住稍纵即逝的商机，如何根据市场前景制定企业的发展战略，这些都是工商管理需要研究和解决的问题。国家教育部门和各高等院校设立工商管理专业教学课程旨在培养适应我国企业改革和发展需要，德、智、体全面发展，具有良好的知识结构，较高的管理素质和较强的创新精神，能独立开展企事业部门管理工作的管理人才。

对于企业管理人才队伍来说，学习和掌握现代管理理论、创新的管理模式、现代信息手段应用以及全球化观点与我国企业管理实践的有机结合，可以不断提高我国企业管理水平，并为我国工商界发展奠定强大的支撑基础。

广义的工商管理既包括一个国家或一个区域的经济部门所辖的工业企业、商业企业、金融企业、农业企业、服务企业、交通运输企业、建筑企业、邮电通信企业等各种企业组织的宏观指导、政策调控与行政监管，即"工商行政管理"；也包括企业经营管理者对上述企业具体的计划、指挥、领导、组织、协调、控制等经营管理活动，即"工商企业管理"。后者是本书要探讨与研究的重点。

工商行政管理是指一个国家或一个区域的各种企业组织的宏观指导、政策调控与行政监管。这里须弄清行政管理与工商行政管理这两个基本概念。

一、行政管理

（一）行政管理含义

行政管理（administration management）是运用国家权力对社会事务的一种管理活动。也可以泛指一切企业、事业单位的行政事务管理工作。广义上是指国家政治目标的执行，包括立法、行政、司法等。狭义上是指国家行政机关对社会公共事务的管理，又称为公共行政。

自国家产生以来，就有了行政管理，但是直到 19 世纪末才开始形成一门学科。它经历了从 19 世纪末至 20 世纪 20 年代初的传统管理时期。在此期间，德国学者施泰因首先提出"行政学"一词。20 世纪 80 年代，美国学者威尔逊发表了《行政学的研究》一文。21 世纪初，美国行政学家古德诺提出政治与行政分离的主张。21 世纪 20 年代，美国学者怀特对行政学研究的主要内容作了系统的论述，开始形成行政学体系。早期行政学以研究政府行政效率和节省开支为目标，主张政治与行政分离，实现组织系统化、工作方法程序化、机关事务计划化、工作要求标准化等，以达到权责分明，追求实效；20 世纪 20 ~ 50 年代的科学管理时期，许多行政学家根据泰罗的科学管理理论，把目标分解成若干层次的小目标，并为实现每个目标建立合理的组织机构。从 20 世纪 50 年代至今的系统管理时期，许多行政管理学家把 20 世纪 40 年代以来出现的信息论、控制论、运筹学等理论和方法用来研究行政管理，同时由于行政管理涉及面愈来愈广，需要考虑的因素愈来愈多，需要把行政管理作为一个系统来研究。

（二）行政管理的特点

行政管理的特点：一是一切行政活动都是直接或间接与国家权力相联系，以国家权力为基础的；二是行政管理是根据国家法律推行政务的组织活动，在执行中又能动地参与和影响国家立法和政治决策，制定政策是行政管理的一种重要活动方式；三是行政管理既管理社会的公共事务，又执行阶级统治的政治职能；四是行政管理要讲究管理的效能和效率，通过计划、组织、指挥、控制、协调、监督和改革等方式，最优地实现预定的国家任务，并达到应有的社会效果；五是行政管理是人类改造社会实践活动的一个特定领域，它有自身发展的客观规律性。

二、工商行政管理

（一）工商行政管理概念

工商行政管理，是指国家为了建立和维护市场经济秩序，通过市场监督管理和行政执法等机关，运用行政和法律手段，对市场经营主体及其市场行为进行的监督管理。中华人民共和国国家市场监督管理总局是国务院主管市场监督管理和有关行政执法工作的直属机构，既是经济监督机关，也是行政执法机关，还是全国工商行政管理系统的最高职能部门。国家市场监督管理总局作为国家的政府工作部门，代表国家对经济、文化事务进行规范、引导。国家市场监督管理总局是我国的专门行政管理机关之一，它按照我国的行政区划分级设立。国家市场监督管理总局一般管理的事务包括：消费者权益保护、市场规范管理、企业登记、外资登记、广告监管、个体私营监管、商标注册及商标评审等。

（二）工商行政管理体制发展过程

工商行政管理体制是指工商行政管理机关的组织结构形式和工作制度。工商行政管理体制一般包括工商行政管理机关的地位、机构设置原则，工商行政管理机构活动原则、工商行政管理机关的隶属关系、同级工商行政管理机关的平行关系、管理权限划分、工作程序和管理方式等。

工商行政管理体制发展沿革大体经历以下几个阶段。

中华人民共和国成立初期，国家政务院财经委员会内设有中央外资企业管理局和中央私营企业管理局；20世纪50年代两局合并，改称中央工商行政管理局；20世纪70年代，改称为中华人民共和国国家工商行政管理局；20世纪末，党中央、国务院作出决定，改革工商行政管理体制，省级以下机关实行垂直管理；2001年4月，国家工商行政管理局升为国家市场监督管理总局。2018年3月，根据第十三届全国人民代表大会第一次会议批准的国务院机构改革方案，将国家工商行政管理总局的职责整合，组建中华人民共和国国家市场监督管理总局；将国家工商行政管理总局的商标管理职责整合，重新组建中华人民共和国国家知识产权局；不再保留国家工商行政管理总局。

根据《国务院关于机构设置的通知》，各级工商行政管理局，是主管本地域市场监督管理和行政执法工作的政府直属机构，主要职能包括：依法确认各类经营者的主体资格，监督管理或参与监督管理各类市场，依法规范市场交易行为，保护公平竞争，查处经济违法行为，取缔非法经营，维护正常的市场经济秩序。

（三）工商行政管理主要职责

工商行政管理主要职责包括：①负责市场监督管理和行政执法的有关工作，起草有关法律法规草案，制定工商行政管理规章和政策。②负责各类企业、农民专业合作社和从事经营活动的单位、个人以及外国（地区）企业常驻代表机构等市场主体的登记注册并监督管理，承担依法查处取缔无照经营的责任。③承担依法规范和维护各类市场经营秩序的责任，负责监督管理市场交易行为和网络商品交易及有关服务的行为。④承担监督管理流通领域商品质量和流通环节食品安全的责任，组织开展有关服务领域消费维权工作，按分工查处假冒伪劣等违法行为，指导消费者咨询、申诉、举报、受理、处理和网络体系建设等工作，保护经营者、消费者合法权益。⑤承担查处违法直销和传销案件的责任，依法监督管理直销企业和直销员及其直销活动。⑥负责垄断协议、滥用市场支配地位、滥用行政权力排除限制竞争方面的反垄断执法工作（价格垄断行为除外）。依法查处不正当竞争、商业贿赂、走私贩私等经济违法行为。⑦负责依法监督管理经纪人、经纪机构及经纪活动。⑧依法实施合同行政监督管理，负责管理动产抵押物登记，组织监督管理拍卖行为，负责依法查处合同欺诈等违法行为。⑨指导广告业发展，负责广告活动的监督管理工作。⑩负责商标注册和管理工作，依法保护商标专用权和查处商标侵权行为，处理商标争议事宜，加强驰名商标的认定和保护工作。负责特殊标志、官方标志的登记、备案和保护。⑪组织指导企业、个体工商户、商品交易市场信用分类管理，研究分析并依法发布市场主体登记注册基础信息、商标注册信息等，为政府决策和社会公众提供信息服务。⑫负责个体工商户、私营企业经营行为的服务和监督管理。⑬开展工商行政管理方面的国际合作与交流。⑭领导全国工商行政管理业务工作。⑮承办国务院交办的其他事项。

具体来说，工商行政管理监管内容包括：食品安全监管、商品质量监管、服务消费监管、保护注册商标专用权、广告监管执法、打击传销规范直销、红盾护农、反垄断与反不正当竞争、查处取缔无照经营和社会治安综合治理等工作内容。

第二节　工商企业

要想掌握工商企业管理的基本概念，我们首先要对与"工商企业管理"相关的一些知识有所了解。

一、工商企业的基本概念

（一）工商企业的基本概念与分类

工商企业是从事生产、流通、服务等经济活动，以生产或服务满足社会需要，实行自主经营、独立核算、依法设立的一种营利性经济组织。简言之，工商企业就是指依法设立的以营利为目的、从事商品的生产经营和服务活动的独立核算经济组织。在商品经济范畴，企业作为组织单元的多种模式之一，是按照一定的组织规律有机构成的经济实体，一般以营利为目的，以实现投资人、客户、员工、社会大众的利益最大化为使命，通过提供产品或服务换取收入。它是社会发展的产物，因社会分工的发展而成长壮大。

工商企业是独立的营利性组织，其有多种分类形式：①按投资人的出资方式和责任形式可进一步分为公司制企业和非公司制企业，合伙制企业、个人独资企业、个体工商户等就属于非公司制企业。②按投资者的不同可分为内资企业、外商投资企业和我国港、澳、台商投资企业等。③按所有制结构可分为全民所有制企业、集体所有制企业和私营企业。④按股东对公司负责的程度不同分为无限责任公司、有限责任公司、股份有限公司。⑤按企业管理隶属关系可分为母公司、子公司。⑥按规模可分为大型企业、中型企业和小型企业。⑦按经济部门或行业类别不同可分为工业企业、商业企业、金融企业、农业企业、服务企业、交通运输企业、建筑企业、邮电通信企业等。

传统的企业大多是劳动密集型，现代的高科技企业大多是知识型创造企业，中国的企业正在向知识经济转型。

社会进入信息时代后，一是要求企业用信息技术来强化企业的管理、生产和经营，企业要创造更多经济效益就必须借助信息技术来提高企业的生产效率和管理水平。二是进入信息时代又形成了一些新型信息化的网络企业。例如软件设计与开发、游戏开发、系统集成、网络工程、企业信息化、网站设计与开发、网页制作、电子商务、通信系统开发集成、自动化控制系统开发与集成、自动化工程、软件销售、技术支持、技术服务、技术培训等。

在 20 世纪后期中国内地改革开放与现代化建设，以及信息技术领域新概念大量涌现的背景下，"企业"一词的用法有所变化，并不限于商业性组织或营利性组织。随着社会的发展，真正有发展潜力的企业肯定是公司类型的企业。

（二）工商企业组织形式

根据市场经济的要求，现代企业的组织形式按照财产的组织形式和所承担的法律责任划分。国际上通常分为：独资企业、合伙企业和公司企业。

独资企业，也称"单人业主制"。它是由个人出资创办的，有很大的自由度，在法律法规允许范围内，要雇多少人，贷多少款，全由业主自己决定。赚了钱，交了税，一切听从业主的分配；赔了本，欠了债，全由业主的资产来抵偿。我国的个体户和私营企业很多属于此类企业。

合伙企业是由几个人、几十人，甚至几百人联合起来共同出资创办的企业。它不同于所有权和管理权分离的公司企业，通常是依合同或协议组织起来的，结构较不稳定。合伙人对整个合伙企业所欠的债务负有无限责任。合伙企业不如独资企业自由，决策通常由合伙人集体做出，但它具有一定的企业规模优势。

以上两类企业属自然人企业，出资者对企业承担无限责任。

公司企业是按所有权和管理权分离，出资者按出资额对公司承担有限责任创办的企业，主要包括有限责任公司和股份有限公司。有限责任公司是指不通过发行股票，而由为数不多的股东集资组建的公司（一般由 2 人以上 50 人以下股东共同出资设立），其资本无须划分为等额股份，股东在出让股权时受到一定的限制。在有限责任公司中，董事和高层经理人员往往具有股东身份，使所有权和管理权的分离程度不如股份有限公司那样高。有限责任公司的财务状况不必向社会披露，公司的设立和解散程序比较简单，管理机构也比较简单，比较适合中小型企业。

　　股份有限公司是把全部资本划分为等额股份，通过发行股票筹集资本的公司，又分为在证券市场上市的公司和非上市公司。股东一旦认购股票，就不能向公司退股，但可以通过证券市场转让其股票。股份有限公司的优势是：经过批准，它可以向社会大规模地筹集资金，使某些需要大量资本的企业在短期内得以成立，有利于资本的市场化和公众化，将企业经营置于社会大众的监督之下。当股东认为企业经营不善时，会抛售股票，这成为对公司经理人员的强大外部约束力量。但股份有限公司的创办和歇业程序复杂，公司所有权和管理权的分离带来两者协调上的困难，同时由于公司要向外披露经营状况，商业秘密难于保守。这种组织形式比较适合大中型企业。

　　公司企业属法人企业，出资者以出资额为限承担有限责任，是现代企业组织中的一种重要形式，它有效地实现了出资者所有权和管理权的分离，具有资金筹集广泛、投资风险有限、组织制度科学等特点，在现代企业组织形式中具有典型性和代表性。

　　随着我国社会主义市场经济体制的建立和完善及世界经济一体化进程的加快，公司企业将成为我国企业组织形式的主体。公司企业为了扩大规模，必定不断进行再投资，投资过程将会成立众多分支机构。根据分支机构与公司企业是受控还是所属，可分为母子公司与总分公司。如果新办企业是原公司企业所属，就称为总公司与分公司的关系；如果新办企业是原公司所控制，则称为母公司与子公司的关系。区分总分公司与母子公司的关键是看新办公司与原公司是否为同一法人主体。一般认为，分公司是总公司的派出机构，与总公司是同一法人实体，从而两者间适用汇总纳税，直接抵扣有关税收规定；而母公司虽然控制子公司的部分股权，但在法律上认定二者之间是非同一法人实体的关系，因而不能按汇总纳税等规定来处理税务当局与它们之间的关系。有的国家在公司法规中规定，企业之间具有母子关系者必须以一家公司拥有另一家公司至少50%以上的股权为准，有的国家则没有明确规定数量标准。但税收协定规定的母子企业的标准，则以"直接或间接控制另一企业的生产经营"为准。

　　不同的企业组织形式有不同的税负水平，因此，投资者在组建企业或拟设立分支机构时，必须考虑不同企业组织形式给企业带来的影响。

　　从公司企业与合伙企业的比较来看，大多数国家对公司和合伙企业实行不同的纳税规定。公司的营业利润在企业环节课征公司税，税后利润作为股息分配给投资者，投资者还要交纳个人所得税。而合伙企业则不作为公司看待，营业利润不交公司税，只课征各个合伙人分得个人收益的个人所得税。因此，面对公司税负重于合伙企业的情况，纳税人便会做出不组织公司而办合伙企业的决策。当然，以什么样的形式组建企业，并不只考虑税收问题。

从子公司与分公司的比较来看，由于各国的税负水平不同，一些低税国、低税地区可能对具有独立法人地位的投资者的利润不征税或只征较低的税收，并与其他国家、地区广泛签订税收协定，对分配的税后利润不征或少征预提税。因此，跨国纳税人常乐于在这些低税国家和地区建立子公司或分公司，用来转移利润，躲避高税收。当然，子公司和分公司在税负水平上仍有区别，这就要求一个企业在国外或外地投资时，必须在建立子公司和分公司之间进行权衡。子公司是相对于母公司而言，分公司是相对于总公司而言，它们是现代大公司企业设立分支机构常见的组织形式。大多数国家对公司法人（子公司）和分公司在税收上有不同的规定，在税率、税收优惠政策等方面，也互有差别。

二、工商企业存在的本质

20 世纪 30 年代，美国经济学家科斯发表的《企业的本质》一文，被认为是对这一问题进行探讨的开端。

在此之前，关于企业本身的性质是什么，是一个被传统的微观经济学理论忽略的问题。在传统的微观经济学理论中，是厂商的生产过程被看成一个"黑匣子"，即企业被抽象成一个由投入到产出的追求利润最大化的"黑匣子"。

（一）交易成本

目前，关于企业性质问题，不同经济学家具有不同观点，但相互之间也存在一些争论。部分经济学家主要是从科斯所强调的交易成本的角度来分析企业的性质的。

什么是交易成本呢？任何交易都可以看成是交易双方所达成的一项契约。所谓交易成本，可以看成是围绕交易契约所产生的成本。根据科斯等人的观点，一类交易成本产生于签约时交易双方面临的偶然因素所带来的损失。这些偶然因素或者是由于事先不可能被预见到而未写进契约，或者虽然能被预见到，但由于因素太多而无法写进契约。另一类交易成本是签订契约，以及监督和执行契约所花费的成本。

（二）企业本质

企业的本质是什么？或者说，企业为什么会存在呢？一些经济学家认为，企业作为生产的一种组织形式，在一定程度上是对市场的一种替代。可以设想两种极端的情况。在一种极端的情况下，每一种生产都由一个单独的个人来完成，如一个人制造一辆汽车，当然这是不现实的。这样，这个人就要和很多中间产品的供应商进行交易，还要和自己产品的需求者进行交易。在这种情况下，所有交易都通过市场在很多个人之间进行。在另一种极端的情况下，经济中所有生产都在一个庞大的企业内部进行，如完整的汽车在这个企业内部被生产出来，无须通过市场进行任何中间产品的交易。由此可见，同一笔交易，既可以通过市场的组织形式来进行，也可以通过企业的组织形式来进行。企业之所以存在，或者说，企业和市场之所以并存，是因为有的交易在企业内部进行成本更小，而有的交易在市场进行成本更小。

（三）市场配置

那么，市场配置资源的优势与企业配置资源的优势各是什么呢？

市场主要有哪些优势呢？由于大量的厂商一般都从少数几个供应商那里买货，这就有利于这几个供应商实现生产上的规模经济和降低成本。而且，中间产品供应者之间的市场竞争压力，也迫使供应商努力降低生产成本。此外，当少数几个供应商面对众多中间产品的需求者时，这几个供应商可以避免由于销路有限而造成的需求不稳定带来的损失，从而在总体上保持一个稳定的销售额。

企业又有哪些优势呢？首先，厂商在市场上购买中间产品是需要花费交易成本的，它包括企业在寻找合适的供应商、签订合同及监督合同执行等方面的费用。如果厂商能够在企业内部自己生产一部分中间产品，就可以消除或降低一部分交易成本，还可以更好地保证产品质量。其次，如果某厂商所需要的是某一特殊类型的专门化设备，而供应商一般不愿意在只有一个买主的产品上进行专门化的投资和生产，因为这种专有化投资的风险比较大。因此，该专门化设备的厂商就需要在企业内部解决专门化设备的问题。最后厂商雇用一些具有专门技能的雇员，如专门的产品设计、成本管理和质量控制等人员，并与他们建立长期的契约关系。这种方法要比从其他厂商那里购买相应的服务更有利，从而消除或降低了相应的交易成本。

经济学家进一步指出，导致交易成本在市场和企业这两个组织之间不相同的主要因素在于信息的不完全性。由于信息的不完全性，契约的任何一方都会努力去收集和获取自己所欠缺的信息，去监督对方的行为，并设法在事先约束和在事后惩罚对方的违约行为，等等。这些做法都会产生交易成本。由于这些做法在市场和企业中会各自采取不同的形式，相应的交易成本则不同。特别是在信息不对称的条件下，在市场交易过程中，以上这些做法所导致的交易成本往往很高。因此，通过企业这一组织形式，一部分市场交易可内部化，从而消除或降低一部分市场交易所产生的高昂交易成本。

尽管企业的内部交易会消除或降低一部分市场交易成本，但与此同时也带来了企业所特有的交易成本。导致企业这一缺陷的主要原因同样在于信息的不完全性。具体地说，首先，企业内部存在各种契约关系，其中包括企业与劳动者的契约关系、企业与管理者的契约关系等。企业要对其所雇用的工人、产品推销员，直至经理等各类人员的工作进行监督，同时还要引导他们为企业努力工作。所以，企业在签订契约，以及在监督和激励方面要花费成本。其次，一方面，企业决策者往往要从下级获取信息；另一方面，企业上层的决策信息又要通过向下级传递而得到实现。这两个不同方向的信息传递，都会因企业规模扩大所带来的隶属层次的增多而被扭曲，从而导致企业效率低下。最后，下级员工往往出于利己的动机向上级隐瞒或传递错误信息，以使上级作出有利于下级的决策。或者，下级对上级的决策仅传递或执行对自己有利的部分。这些都将导致企业效率低下。由此可见，企业的扩张是有限制的。根据科斯的理论，企业的规模应该扩张到这样一点，即在这一点上再增加一次内部交易所花费的成本与通过市场进行交易所花费的成本相等。

三、工商企业的作用与特点

（一）企业的作用

企业的作用有：①企业作为国民经济的细胞，是市场经济活动的主要参加者。②企业是社会生产和流通的直接承担者。③企业是推动社会经济技术进步的主要力量。

总之，企业对整个社会经济的发展与进步有不可替代的作用，从一定意义上讲，企业素质的高低，企业是否适应市场经济发展的要求，直接关系着国民经济状况的好坏和社会的长治久安。

随着发展形势的变化，传统意义上的企业已经消亡，无论从形态还是本质上看，亟须突破传统概念上的企业定义的思维定式。

（二）企业的特点

目前，有关学者对当前企业的特点总结如下。

第一，企业的契约性。企业是一个契约性组织。法律契约、行为契约、心理契约等始终贯穿于企业运营管理的主线。

第二，企业的市场性。企业是一个市场性组织。过去，企业作为契约性组织由上级负责；现在，企业是市场性组织，人对市场负责，市场化程度的高低决定了企业盈利能力的高低。

第三，企业的学习性。企业是学习型组织。过去认为企业是制造产品的，现在看来，企业是制造思想的。企业内部有两条价值链：一是意识价值链，由信息、知识到能力，再到思想；二是物质形态价值链。

第四，企业的虚拟性。企业的一个发展趋势是向虚拟化组织方向发展。采取虚拟生产、虚拟营销、虚拟运输、虚拟分配的企业不断出现。

第五，企业的模糊性。企业的另一个发展趋势是向无边界组织发展。过去认为企业是有边界的，后来发展了，企业成为无边界的，再后来，企业既有边界又无边界，边界模糊，一切都模糊化。现在，一个企业边界，按照边际成本乘以边际收益来看，许多企业边际成本小于边际收益，或者边际成本为零。边际收益不变，那么边际成本、边际收益递增的规律发挥主导作用，即边界可以无限大，这对于企业的运作意义是很大的。

第六，企业的系统性。企业是一个系统性的组织。现代企业分成两条线：一条线是产品和服务；另一条线是使企业具有持续竞争力的保障系统。一般来讲，国外成功的大企业都是系统化运作，讲究系统性。

第七，企业的网络性。企业是网络化组织。价值链组织对于一个企业来说还不够，它不一定形成一个圈环。成为网络组织，使企业成为链主，企业和网主企业就要对价值链的运作整合，这样企业就可以成为一个联合体。对于中国企业来讲，应该融入这个网络，融入更大的、更多的价值网络。

第八，企业的全球性。企业是全球性组织。过去企业根据木桶理论决定最短的那根怎么提高利润，把最短的那根补齐，这样企业总在经营劣势。现在新木桶理论出现了，也就是说，短的那一块不做了，就做最擅长的那一块，每个企业都经营优势，就像每个人都做自己最感兴趣的事。成本很低，效率很高。由木桶理论发展到新木桶理论，每个企业根据全球定位，你做一段，我做一段，全球集成，融入全球化过程中。最终的企业就是全球化组织。

第九，企业的体系性。企业是体系性的组织。最终把企业打造成一个体系，也就是让平凡的人做出不平凡的事。具体到一个人很平凡，但成为一个体系就很厉害。通过打造这个体系，使管理达到最高境界，即没有管理；使战略达到最高境界，即没有战略，就像高速公路一样。

第十，企业的诚信性。企业运营过程中最重要的就是诚信，这是一个企业的社会责任与道德基本要求，这一点是无须再争议、讨论的。

四、工商企业的政策法规

善于把握国家乃至区域政府与行业部门政策法规，可以为企业发展方向作出正确决策，能给企业带来巨大的发展机遇和利益；利用政策法规指导作用可以有效促进企业发展和改革；熟识政策法规还可以有效规避风险和减少损失；遵守相关政策法规，对于规范行业运作、优化企业发展环境具有重要作用。

我国现行与企业有关的重要法规有《中华人民共和国企业国有资产法》《中华人民共和国公司法》《企业国有资产监督管理暂行条例》《国有企业法律顾问管理办法》《企业法人法定代表人登记管理规定》《中华人民共和国企业法人登记管理条例施行细则》《中华人民共和国个人独资企业法》《中华人民共和国合伙企业法》《中华人民共和国外资企业法》《中华人民共和国外资企业法实施细则》《中华人民共和国中外合作经营企业法》与《中华人民共和国中外合资经营企业法实施条例》等法规。

第三节　工商企业管理

工商企业管理是指从具体企业的层面上，企业经营管理者对各类企业具体的计划、指挥、领导、组织、协调、控制等经营管理活动，也称之为"工商企业管理"（英文名称直译为 Industry & Business Administration，通常简译为 Business Administration），有时简称"工商管理"或"企业管理"。

一、管理

（一）管理相关概念

管理活动自有人群出现便有之，管理思想也随之产生。所谓管理，是指组织中的管理者，通过实施计划、组织、人员配备、领导、控制等职能来协调他人的活动，是他人同自己一起实现既定目标的活动过程。

对于一个具体工商企业而言，企业内部管理活动包括生产作业管理、战略管理、组织管理、人力资源管理、市场营销管理、财务管理、后勤行政管理，等等。

（二）管理的基本职能

管理基本职能的最早提出者是法国著名管理实践家亨利·法约尔。法约尔长期从事高层管理工作，对全面管理工作有深刻的体会和了解，积累了丰富的经验。法约尔在《工业管理与一般管理》（1916 年）中提出的一般管理理论对西方管理理论的发展产生重大影响，成为管理过程学派的理论基础。法约尔的贡献之一就是提出五大管理职能。管理职能，是指管理承担的功能。法约尔最初提出把管理的基本职能分为计划、组织、指挥、协调和控制。后来，又有学者认为人员配备、领导、激励、创新等也是管理职能。何道谊在《论管理的职能》中依据业务过程把管理分为目标、计划、实行、检馈、控制、调整六项基本职能，加之人力、组织、领导三项人的管理方面的职能，系统地将管理分为九大职能。

（三）管理的发展历史过程

学习管理知识离不开管理科学。管理科学研究人类社会组织管理活动客观规律及其应用，是一门跨自然科学、工程科学、技术科学以及人文社会科学的综合性交叉科学。它随着现代社会化大生产的发展而产生，并随着社会与科学技术的发展而发展。

追根溯源，人类早期的管理行为，多产生于生产和军事行动中。一场稍具规模的生产或军事行动，涉及很多环节，需要多方面配合，需要详细的计划和周密的部署，因此，必然涉及一系列管理行为。很多被认为较早涉及管理文化的论述和观点，都散见于人类早期的著作中，比较典型的如我国古代的《孙子兵法》，其中蕴含了丰富的管理思想，现代企业管理常常借用和移植其中的管理理论、组织方法、领导艺术。

从世界范围讲，管理科学的发展已有近百年历史。直到近现代，企业管理的理论和实践不断发展，大致经历了经验型管理、古典管理、行为科学管理、非理性主义管理，再到企业文化管理方式五个阶段。

经验型管理方式，顾名思义，即凭借管理者（往往是企业所有者）的个体智慧和实践经验对企业实施组织管理，其管理思想并不具备理论形态，具有很大的不确定性，但其中的一些经验对后人产生了重要的启迪作用。

古典管理理论主要是以生产为中心，围绕提高劳动生产率和建立比较严密的组织形式而展开的，包括以泰罗为代表的科学管理学派和以法约尔、韦伯为代表的组织管理学派。泰罗制的前提是把作为管理对象的"人"看作"经济人"，利益驱动是该学派用以提高生产效率的主要途径。由于泰罗制的实施，企业管理开始从经验管理过渡到科学管理阶段。亨利·法约尔着重分析研究高层管理效率和一般管理原则，他第一个明确阐述了"一般管理"理论，并根据自己总结的管理经验，提出了"十四点管理原则"。马克斯·韦伯对近代管理理论的贡献是提出"理想的组织机构模式"。他认为，行政组织体系应当具有准确性、稳定性、纪律性和可靠性，只有这样才具备提高工作效率的条件。古典管理学研究的重点是组织管理的科学性、严密性和纪律性，但缺乏对人的认识和关怀，排斥人的感情因素，导致整个社会感情匮乏，扼杀了个人的主动性和创造性。

　　20世纪20~50年代，行为科学理论逐渐兴盛。行为科学通过人类学、社会学、心理学、经济学、管理学的理论和方法，分析研究人的本性与需要、行为与动机，以达到协调人际关系和提高工作效率的目的。其中，人性假设是行为科学管理理论的出发点，激励理论是其核心内容，群体行为理论是其重要支柱，领导行为理论是其重要组成部分。早期的行为科学侧重于"社会人"研究，关心职工的社会性需求的满足。后期侧重于"自我实现人"的研究，关心职工在其工作中能否自我实现，有无成就感和自我满足的目标追求。同古典管理理论注重提高生产率和强调行政组织的作用不同，行为科学重视人的因素，把对人的管理看作是管理的中心，运用多学科从多角度研究人的行为、心理与管理的关系，这是管理思想的重大变革。行为科学理论的发展，推动了管理思想由物到人的进步。

　　20世纪80年代以来，全球经济、政治、文化发生了深刻变化，人们的生产方式、生活方式、交往方式和思维方式不断更新，为管理理论的创新提供了强大的动力。非理性主义理论的兴起，正是西方管理学取得的新进展之一。传统的管理理论认为：组织具有明确的意图和目标，可以清楚地加以确定；管理人员运用精确的分析，特别是定量分析，就可以选定能够达成目标的最佳办法，从而作出合理决策，即一切都是理性化的。非理性主义的管理理念把当代科学理论成果如系统论、控制论、决策理论、模糊理论等应用于管理规划和管理流程中，它认为具有社会性的人类，并不仅严格按照事实或逻辑来采取行动，无论在什么地方，完全理性地合乎逻辑支配行为的人几乎找不到。人的动机和意图的确定是一个复杂的过程，很难清晰地推知和直截了当地选择。目标的选择涉及人的价值取向，与其说依靠清晰的思考，不如说取决于影响个人的各种社会因素和心理因素；而且组织管理的过程，不仅是决策制定的过程，还包括执行过程和创新过程，而后两个过程更是充满了变化和强烈的个人感情色彩，所以，科学、合理的管理模式应当是"非理性"的，"人的问题要求人性地解决"，完全理性，必然把人机器化，进而破坏人生的价值和意义。从认识论的角度来看，传统的理性管理模式是在一定历史条件下，将各要素加以简单化和抽象化后所概括的一整套明确的规章制度与工作方法，属于精确性认识；而"非理性"管理理念则是在新的历史条件下，通过实践，突破了传统的理性化认识的局限性和对时代的不适应性，而后总结概括的一种"模糊性"认识。古典管理学也重视员工，但其对员工的重视与老板爱护机器在逻辑上是一致的。新型的管理理念注重人情、人的主观能动性，强调管理的灵活机动性和变通性；不主张用哪一种既定的理论模式去机械地管理变动中的企业和复杂多变的人。管理不是制造一件产品，但管理比制造产品更难；人也远比机器复杂得多，所以管理无法过于"精确"，必须引进"模糊机制"，这便是"非理性"思潮。非理性主义要求实现管理形态的根本性转变，这种转变的本质，是以人性化替代理性化。所谓人性化，既包容理性因素，又包容非理性因素，把人的非理性和理性统一起来，这种管理模式就是人性化管理。

企业文化管理是指企业文化的梳理、凝练、深植、提升。突出"管理"，是基于管理学、组织行为学的，认为企业文化是管理的一部分。在企业文化的引领下，匹配公司战略、人力资源、生产、经营、营销等管理条线、管理模块。它涵盖了企业文化建设。企业文化是以企业价值观念、经营管理哲学为核心的思维方式和行为规范的总和，它包括企业的历史和传统、企业的典型人物、企业的目标、信念和理想、领导作风和经营管理风格、职业意识和职业道德、公司礼仪与行为规范等因素，以及这些因素的物化表现，如环境布置、图案色彩、厂旗厂歌等。企业文化的渗透力很强，在整个企业的生存和发展中无处不在、无时不有，对企业内部人际关系影响很大。它能够将员工的个性和潜能与企业的价值和利益联系起来，通过对员工信念的培养，理想的建树，个性的塑造，心灵的满足，精神的训练，建立起个人对企业整体的认同感和凝聚力，形成强烈的"团队精神"。因此，企业内部公共关系的工作都非常重视企业文化的培养与建设。

（四）中国的管理发展

在中国，虽然管理科学的引入与启蒙很早，1916年中华书局就出版了穆湘玥（字藕初）先生翻译的《科学管理原理》一书，但是作为一门科学在中国真正得到发展，并为社会与科学界所承认还是在改革开放以后。

纵观我国管理科学的发展，有以下四点明显的历史痕迹。

其一，中华人民共和国成立后，由于改革开放前中国实行计划经济，20世纪50年代初进行的院系调整，将带有管理性质的院校、科系都归并或撤销。

其二，改革开放前，我国的社会科学不可能接纳和推动管理科学学科发展。

其三，1949~1978 年，自然科学家与工程科学家承担了发展我国管理科学的历史责任。

其四，特定历史条件决定我国的管理科学是依托于自然科学和工程科学发展的。

正是源于管理科学依托于自然科学与工程科学发展的这一实际，改革开放后，随着 20 世纪 80 年代初社会对科学管理巨大需求的出现，作为以管理科学基础理论、管理技术与方法等为主要研究领域的管理科学与工程这一分支学科（学科群）迅速发展起来。

管理科学学科经过多年的不断发展，对促进社会、经济与科技发展具有至关重要的作用。当前，管理科学进入了各学科全面发展时期。20 世纪 70 年代末至 80 年代末，为第一阶段发展期。这一时期，管理科学与工程学科的发展独领风骚。随着企业改革不断深化，现代企业制度逐步建立与完善，对企业进行科学管理的社会需求日益增大，20 世纪 80 年代末至 90 年代后期，为第二阶段发展期。在管理科学与工程学科持续快速发展的同时，工商管理学科与 MBA 教育在我国得到快速发展。

自 21 世纪初起，我国管理科学进入第三阶段发展期，在我国开始建立公共管理学科与 MPA 教育，以公共管理为主体的宏观管理与政策学科进入初创发展期。

回顾管理历史，可以看到管理科学在我国的发展方兴未艾。随着第三产业的兴起，社会经济的快速发展，社会对各类管理人才的需求越来越大。例如，人力资源管理、电子商务、物流管理、旅游和酒店管理、金融管理等都需要管理科学作基础。同时也需要职业经理人来管理，人力资源师、物流管理师、营销师、酒店经理等无不与企业管理密切相关。作为高校商务管理专业，其目的是重点培养适应我国工商企业和经济管理部门需要的中层次务实型综合管理人才。工商管理涵盖面广，系统庞杂，涉及企业经营管理中的计划、组织、领导和控制，以及涉及人员、资金和财务的管理。商务管理专业属于管理学门类工商管理学学科，具有很强的应用性。工商管理学学科的理论基础是经济学和管理学，知识构成跨越自然科学、人文科学的不同领域，研究对象涵盖了企业经济运作中的财务管理、资金筹措、投资分析、市场营销和资源配置等各个方面。

二、工商管理学的发展

（一）工商管理的发展特点

当代工商管理发展的鲜明特点有以下四点。

首先，知识管理上升成为企业的核心管理。现代信息技术革命催生了发达国家工商企业管理变革，这种变革使新的工商企业经营管理理念随之产生。最显著的是知识资本代替金融资本等其他传统的生产要素，成为企业的活力和创造效益的实际推动力。知识管理上升成为企业的核心管理，一是知识管理的实施，催生了有效的企业职员参与以及共享知识机制，如美国通用电气、可口可乐等公司都建立了知识总监；二是知识资本管理、知识资本共享又加强企业间的协作，使企业间的交互更广泛、频繁，使企业所面临的市场更宽广，为企业带来更多的新的市场机会，同时又改变了企业竞争方式甚至竞争实质，由市场竞争发展为"竞合"——企业的竞争与合作。知识资本型企业管理，催生了新的企业管理理念与管理模式。

其次，模糊经营管理模式迅速发展。由于商品的开发商、生产制造商、经销商、零售商之间的模糊化而产生了企业的模糊经营模式。计算机技术的发展与应用于工商企业经营管理，使开发商、制造商迅速进入终端市场，直接面对用户。企业经营管理理念和管理模式的发展，又派生出以物流为手段进行营销的物流管理商，物流管理承担了工商企业经营管理、业务的后勤工作，承担和完成了制造商、经销商、零售商、用户之间商品储存和运送工作，于是工商企业开始了"即时生产""无库存经营"的理念与实践模式。工商企业模糊模式还体现在商家与消费者的角色方面，如商界普遍采用的仓储式开架经营，使消费者处于主动参与企业活动的状态，又是一种体验经营理念和模式。

再次，重新发现企业价值和学习型企业的出现和发展。企业能否持续发展，取决于企业的价值，过去无论是研究还是实践，大部分企业一直把实现"利润最大化"作为企业目标。随着社会的发展、企业价值的发现和思想的升华，工商企业界逐渐认识到"利润最大化"仅仅是企业财务目标或近期目标，而不是企业的最终目标或长远目标。学习型组织是企业未来发展的动力源，学习型组织管理理论是当今世界最前沿的管理理论之一。未来成功的企业必定是学习型企业，一个学习型组织能够保证企业创新源源不断，具备提升企业素质和员工价值的条件，能够充分发挥人力资源、知识资本的作用，能够实现企业满意、客户满意、社会满意的经营理念。学习型组织已成为国内外企业管理界最热门的话题之一。通用公司原总裁韦尔奇曾说过，企业最终的竞争优势在于一个企业的学习能力及将其迅速转化为行动的能力，发展的动力源就是学习。

最后，企业经营管理国际化。在现代社会，工商企业管理的理念呈现开放性的国际化趋势。随着现代交通技术手段、通信网络技术设备的迅速发展和应用，世界经济呈现一体化。市场和企业管理的国界变得模糊，成功的企业管理者清楚地认识到这种市场态势，迅速把企业经营管理放在国际环境中来考虑和布局。

（二）工商管理的发展趋势

工商管理的发展趋势主要表现为：①随着科学技术的迅速发展，工商管理中现代数学方法和信息处理及通信技术的应用将日益广泛。②随着经济发展全球化，工商管理学科的国际化趋势日益明显。③随着我国法制建设和社会文化的不断发展，工商管理学与人文社会科学的结合将日趋紧密。④随着学科的综合、交叉发展，工商管理学的各个分支学科之间及与其他有关学科之间将进一步相互渗透。

在现代经济社会中，管理与科学、技术同为经济发展的主要支柱。工商管理学面向经济中最主要、最广泛的工商领域，是管理学门类中实践性最强、覆盖面最宽的一级学科。作为经济科学、管理科学、人文科学、自然科学、工程技术相互结合和渗透的产物，工商管理学的发展，推动了经济、管理学科的发展。在管理学门类中，工商管理学和管理科学与工程研究的都是现代管理理论、方法与技术，与其他相邻一级学科的联系表现为均以现代管理理论作为学科的基础理论，不同的是，工商管理的研究密切结合企业管理实践。

工商管理专业在经历了我国多次经营主体的体制改革的同时，与时俱进，不断壮大。无论是国内还是国外，无论是实践活动还是理论研究，工商管理都呈现出不断创新的发展趋势，这种发展趋势对工商管理专业建设与学科教育都提出了新的要求，使工商管理的学科建设和高等教育都面临新的挑战，不断改革、创新工商管理学科教育，培养合格的现代化工商管理人才显得十分必要。

第二章 企业模式的形成

第一节 企业模式形成的内在机理

既然在实践中企业管理模式是客观存在的，那么它到底是如何形成的？为何企业之间的管理模式会存在差异？

管理的派生性决定了企业不可能无视其他活动开展的需要而直接采取某种管理职能方式并使之模式化，只有在企业的其他活动形成特定行为模式的基础上，管理各项职能的运行方式才能表现出稳定的特征并可重复应用，而企业其他活动行为模式的形成是企业惯例效应发挥与惯例复制的结果。

一、企业惯例的效应

演化经济学将惯例引入企业研究中，成功开启了企业的"黑箱"。惯例被当作企业的基因，决定企业的行为方式。惯例作为一个有力的分析工具被大量用于研究组织创新、企业异质性、核心竞争力、组织学习等领域，但是，学者们倾向于将惯例看作一个理论实体而对其内在结构和外在功能研究不多，这使惯例成为另一个"黑箱"。这种现象好比当初孟德尔发现了遗传物质以后，经过几十年科学家才弄明白遗传物质的真相。演化经济学还是一门很年轻的学科，其理论体系尚未完善，相关研究还比较滞后。因此，学者有必要对惯例的形成机理以及功能进行深入研究。

企业是一个复杂适应性系统，从辩证法来看，系统是结构和功能的统一体。结构是系统内部要素相互作用的秩序，功能是系统对外部作用的秩序，结构决定功能。因此，本文对惯例功能的研究遵循这样一条逻辑：惯例的构成要素或本质、惯例的结构，惯例在企业中的功能。惯例的本质是程序性知识，其外在表现形式是能力。在企业的知识存量中有很大一部分是企业组织的知识，它们以企业的惯例、文化、价值观等为载体，一般不会因个别成员的更迭而变化。企业组织特有的知识往往是意会性的，其积累更多地依赖企业自身的体验式学习，不能直接从市场交易中获得。因此，企业在知识（特别是意会性知识）的生产上具有市场组织不可比拟的优势。

现有研究倾向于看重惯例的集体属性而忽视对惯例内部结构和相互关系的研究。这在很大程度上是因为对惯例的深层次剖析需要借助心理学、哲学、管理学、经济学、社会学、神经学等跨学科知识。但是随着学科之间的交叉，学者们开始对惯例的微观基础进行研究，如个体、流程、结构和它们之间的交互关系。

自组织惯例的概念被提出以来，惯例的效应一直是学者们研究的重点问题。从现有文献的梳理来看，学者们的观点主要体现在以下三个方面。

（一）协调控制效应

惯例的协调功能来源于它的模式性和重复性，使组织成员在执行惯性的过程中表现出稳定且相似的行为方式，在提升团队效率的同时保证整个组织运作的连贯性和平滑性。成员行为方式的一致性和可预测性，可以使组织方便地进行监督和控制，并有效地解决成员的机会主义问题和冲突问题，惯例能明确成员在组织中扮演的角色，从而减少成员间的冲突并建立休战机制。对美国印刷行业的研究表明，在协调和控制方面，惯例比剩余索取权能更有效地提高公司效率。无论是组织内部还是外部，作为一种协调手段，惯例都比契约更有效。惯例可以最大限度地减少冲突和摩擦，加强成员合作，而这种休战功能的强弱与惯例的复发性直接相关。

（二）决策辅助效应

惯例的决策辅助效应主要体现在认知资源的配置与节约上。惯例能减少组织成员考虑问题的维度，从而节约组织的认知资源。认知资源区分为企业家注意力和管理者注意力，惯例能节约组织集中在惯例性活动上的管理者注意力，增加集中在创新活动上的企业家注意力，从而推进组织创新。惯例能够帮助组织在动态环境中实现对时间和注意力两种稀缺资源的优化配置。惯例的存在使企业可根据不同知识的要求进行认知分工和部门设置。惯例的增加有助于降低决策者面临的广泛的不确定性。惯例可以有效地减少认知不确定性，并通过节省认知资源而关注更多非惯例性活动，从而扩展组织的知识创造能力。

（三）学习存储效应

惯例储存知识的功能得到学者们的一致认可，作为企业的行为规则体系和知识结构，惯例是存储组织"干中学"知识的重要载体。组织学习就是以过去积累的知识编码为惯例来指导行为，惯例代表了组织应对特定问题的成功结论。惯例是解决工作难题的关键。惯例的知识属性和连贯性维度，决定了惯例在自身的演化过程中需要经过个体、群体和组织水平的学习才能实现。经由惯例执行产生的"干中学"机制，惯例作为行动逻辑的知识为成员所记忆和存储，而在组织成员的集体学习和交往互动中出现了知识的交换和整合，这些知识也被存储在惯例中。

二、企业惯例的复制

按照复制的范围，惯例复制可分为纵向复制和横向复制两种情况。纵向复制是指惯例在目标活动中的重复使用。横向复制是指目标惯例在企业内部各活动间的转移和扩散。作为一种经济组织，企业发展目标的实现和整体竞争力的提高取决于各项活动的效率和效果。惯例在协调运作、方便组织控制、减少冲突和摩擦、节省和优化认知资源配置、提高学习效果、储存知识等方面的效应，使惯例的存在和执行在一段时间内能够提高企业目标活动效率，而学者们的研究也证实了此种观点。运用逻辑推理可断定成功的企业源于其成功的惯例。惯例能够有效地降低企业的内部管理成本。在企业中，惯例比剩余控制和剩余索取机制能更好地提高经营效率。在相对稳定的环境中，惯例是有效率的，但在新奇的环境中，惯例在节约认知时间方面的效应反而阻碍效率的提高。因此，除非结构和能动性与惯例生成时相比发生重大变化，否则，惯例对与企业而言都是有效率的。出于对目标活动长期效率的追求，企业产生了在该活动中重复应用惯例，即惯例纵向复制的需要。同时，为扩大目标活动效率的作用规模和范围，企业也具备将目标惯例应用于企业内其他活动中，即惯例横向复制的动力。

　　惯例的模式性、重复性、集体性和路径依赖性的特点使惯例在一段时间内是稳定的，可以反复应用于同一目标活动，纵向复制是可行的。从系统论的观点看，企业是由相互联系和相互作用的多种要素构成的有机整体，这使企业内部的各种活动之间存在序列相关、相互依赖和资源共享等各种层次的联系。活动之间的相关性决定了有些知识是可以为多种活动共享的，这使惯例的横向复制成为可能，如精益生产方式所形成的节俭、严谨和持续改进等惯例，在丰田的供应商选择、物流系统设计、销售渠道建设、研发、财务等活动中也得到了极大的应用。

　　通过对惯例三大效应、惯例复制的分析，可以对惯例在企业管理模式形成中的作用机理进行分析，可知，在惯例（集）的执行过程中，经由惯例的协调控制效应和纵向复制，行动逻辑层面的惯例在执行中转化为惯例代理者开展活动的集体性行为模式。即使在企业内存在多种惯例，这是由企业活动的多样性决定的，但由于活动之间的相关性，使各种惯例之间是共生的，甚至是互补的，这决定了惯例活动之间的行为模式也具备某种类似的特征。而经由惯例的决策辅助效应和横向复制或模仿，惯例活动的行动逻辑可为企业其他活动的行动者所认可和接受，进而对其他活动的惯例生成起到触发作用，这使其他活动的行为模式具有与惯例活动相似的特征。当企业的某些活动采取特定的行为模式时，嵌入在这些活动运行中的某些管理职能的发挥方式便表现出某种稳定的特征。同时，通过惯例的运行和复制，行动逻辑层面的惯例上升为更高层面的内隐规范和交互共识演化，再经由惯例的学习存储效应，内隐规范和交互共识层面的惯例在执行中转化为企业的规则体系、企业文化与管理哲学，进而强化惯例活动和其他活动的行为模式，并对嵌入在活动中的各项管理职能的发挥方式起到指导和优化的作用。随着惯例（集）作用范围的扩大，当企业内多数活动都采取相似的行为模式时，企业在决策、计划、组织、领导和控制等管理职能的发挥上也会采取某种主导性的运行方式，企业管理模式便形成了。

第二节　企业模式的形成实现方式

慣例复制及其三大效应的发挥在企业管理模式的形成中起关键作用，但慣例的生成是根本和前提。离开了慣例的生成，慣例的复制和慣例效应的发挥就无从实现。因此，要实现慣例的效应、提高企业活动的效率并形成相应的管理模式，企业首先应推动企业慣例（集）的生成。

一、企业慣例（集）的生成

与生物基因不同，慣例并不是在企业成立之初就存在的，而是在企业的持续运转中逐步生成并演化的。慣例是由于行为的不断重复而形成的，这一观点为坚持"行为模式"路线的学者所认可，但学者们对行为方式转化为行动逻辑，尤其是内隐规范和交互共识的机理缺乏深入的分析。持认知路线的学者们从慣例的知识属性出发，认为慣例是组织内认知和学习的结果，例如认为慣例生成是行动者对问题解决方案的有限搜索所导致的；这种搜索与团体决策中的认知陷阱和心智模式密切相关；慣例生成是组织内经验积累、知识表述和知识编码三种学习机制作用的结果；慣例是一个内隐学习的过程；慣例是企业内部团队认知和知识扩散所导致的。认知路线对于企业内部慣例生成的过程具有极强的解释力，但对企业行为方式的选择过于强调行动者的能动性而忽视了环境因素在其中的重要性。能力路线的学者将精力主要放在慣例的执行层面，对慣例生成的分析不足。因此，无论是行为模式路线还是认知路线，学者们对于慣例的生成都只能给出片面的解释。为弥补现有研究的缺陷，笔者认为有必要将两种路线结合起来，从慣例的过程性和共生性出发，构建企业慣例生成的完整框架。

（一）活动触发

企业慣例的生成是从低层面的慣例，即行动逻辑层面开始的。而行动逻辑来自于企业对某一活动方式、方法和手段的选择，即行动逻辑是活动触发的。

既然企业惯例是由活动触发的，那么哪些因素影响甚至决定企业活动方式、方法和手段的选择？与生物演化相比，社会经济系统的演化最本质的区别就是前者只是由遗传物质储存信息进行，而后者存在有意识的认知主体。正是基于这种认识，行动者的抱负水平是一种强有力的惯例触发形式。可将惯例的触发形式归为两个方面：一方面由外部因素引起的触发；另一方面由行动者引起的触发。通过实验研究认为，企业对情境变化的关注程度以及活动之间的相关度与企业惯例的触发强度密切相关。而通过对某一企业的案例研究证明，营销部门在预算方面的惯例会受到财务部门的触发。无论是外部触发还是行动者触发，活动方式、方法和手段的选择都是由行动者根据活动期望而做出的。

（二）活动期望

作为一种经济组织，企业对于活动效果是有明确诉求的，即活动期望。活动期望是企业对某项活动开展所获收益的预期，即企业的活动目标，可分为组织期望（可以由企业、部门或班组内部制定，也可以由政府等外部决策者制定）和行动者个人期望。当组织期望水平大于行动者个人期望时，受组织监督控制系统和激励制度等的约束，组织期望成为活动效果的评价标准。而当行动者个人期望水平大于组织期望时，除非企业存在允许行动者能动性发挥的良好环境和激励措施，否则，组织期望仍然是活动效果的评价标准。这是因为，期望水平的提升意味着行动者需要付出额外的努力，当这种额外努力得不到相应回报时，多数行动者自然按照组织期望开展工作，而少数坚持个人期望的行动者则因"标新立异"而被孤立和排斥。因此，在多数情况下，活动期望都是以组织期望的形式存在，并以目标的形式向行动者明确地提出和传达。当企业内部拥有良好的能动性发挥环境和激励措施，且行动者拥有极高的影响力时，如活动单位的领导者，行动者的个人期望便有可能取代组织期望成为活动效果的评价标准，但其前提是行动者的个人期望高于组织期望并为多数行动者所接受。无论是组织期望还是行动者个人期望最终成为活动效果的评价标准，在其制定时除考虑企业过去的业绩和其他可比较组织的过去的业绩等因素外，还受政府政策、企业性质、市场结构、企业价值取向、领导风格、资源基础与能力结构、利益相关者、技术创新和改进以及企业合并与重组，以及偶发性因素，如自然灾害、国内外政治经济形势变化等突发事件的影响，因此，活动期望不是一成不变的，而是随着内外环境因素的变化而不断调整的。

（三）结构和能动性

在制定了活动期望并在企业内贯彻执行时，行动者对活动方式、方法和手段的选择又会受哪些因素影响呢？对此，本书引入演化经济学中的结构和能动性概念。

1. 结构与向下因果

结构是指影响或限制个体独立行动以及他们自由选择能力的因素的统称，包括社会阶层、信仰、习俗等。而当个体处于企业内而独立行动时，其结构性因素的外延会进一步拓展，包括经济、政治、科技、社会文化、企业所处的产业环境等各种外部因素，以及企业内部的产权结构、治理模式、制度体系、资源基础、组织结构、文化氛围、人际关系等，当结构性因素在演化中起主导作用，结构决定行动者的行为方式时，向下因果便发生了。这种向下因果体现在活动触发上，便是行动者的能动性受到抑制，只能按照结构性因素的要求，被动地接受和应用某种活动方式、方法和手段。

2. 能动性与向上因果

能动性是指个体行为人独立行动并做出自由选择的能力。在企业活动中，能动性主要体现在行动者，尤其是企业家和各级管理者主动思考、自觉行动与创新能力等方面。能动性的发挥一方面取决于行动者能动性潜力的高低，这主要受行动者自身价值观念、抱负水平、知识基础与结构、教育及成长经历等的影响，另一方面则主要受结构性因素的制约，即企业面临的内外环境因素对行动者独立行动并做出自由选择的限制程度。当行动者具有较高的能动性潜力，且结构因素对行动者的限制程度较小时，行动者的能动性便能充分发挥，甚至影响和改变结构，这称之为向上因果（upward causation）。这种向上因果体现在活动触发上，便是行动者通过发挥其主观能动性，对结构性因素进行识别、响应甚至改变，从而按照组织期望或个人期望选择和应用某种活动方式、方法和手段，这种选择可以是对产业、竞争者、相关企业或者企业内相关活动的习惯性行为方式、方法和手段的模仿与改进，也可以是对活动方式、方法和手段的全面创新。

能动性和结构转换是演化经济学中的一个永恒命题。旧制度主义学派重视制度对个体行为的影响，法国调节学派用更小的结构（制度形式）分析更大更复杂的结构（积累体系），两者共同的特点是强调向下因果而忽视了个体的能动性。奥地利学派则强调人的能动性在演化中的作用，也就是向上因果。但在实践中，"纯粹"的向上和向下因果都是不存在的。结构性因素的力量再过强大，也无法完全抑制行动者的能动性，而离开了一定的结构支持，人的能动性也无法完全地发挥与实践，最多停留在思想或理论层面。因此，在企业活动方式、方法和手段的选择及其应用中，向上因果和向下因果是同时存在的，即能动性因素和结构共同发生作用，只是两者的作用程度会根据情境不同而有所差异。

3. 活动效果

无论是向上因果还是向下因果，行动者选择的活动方式、方法和手段都要在实践中加以运用，并产生一定的效果，即企业通过一项活动的开展而获得的收益。这种收益可以是经济性的，如产品生产的数量和质量、交货周期、产品周转率、市场占有率、销售利润水平、资本成本、资产负债率、人员流动率、一项活动对其他活动开展的贡献程度等；可以是社会性的，如企业被政府、社会、公众、行业组织等所认可的程度；也可以是生态性的，如对资源消耗的降低、污染物排放的减少等；还可以是以上两者甚至三者的组合。但无论以何种形态出现，活动效果能否达到活动期望决定了行动者的满意程度，进而影响惯例的生成与否。

二、弱化惯例复制的黏性

惯例的效应使企业存在惯例复制的动力，惯例的特征、企业活动的相关性以及企业内的学习使惯例复制成为可能，但这并不代表惯例的复制是自动完成的，不需成本的。知识的转移和复制过程并不具备自然或者自动的特点，反而需要投入大量的资源。受惯例的本质及其边界的模糊的影响，惯例往往是难以复制的。

既然惯例的复制过程没有想象中那么完善，那么惯例能够在多大程度上被复制？复制的难易程度如何？为解释这些问题，本书引入"黏性"的概念。惯例复制的黏性因素主要体现在如下四个方面：

（一）目标惯例的特征

影响惯例复制难易程度的特征主要是惯例的缄默性和复杂性。一般而言，惯例的缄默性程度越高，隐性知识在惯例中所占的比重和作用就越大，知识难以转移和共享，惯例复制的难度也就越大。反之，惯例的规则化程度越高，惯例复制的黏性越弱。与此相似，惯例的复杂性越高，其包含的知识就越多，对惯例执行者的要求也就越高，惯例复制的黏性就越强，再者，惯例效应的显现程度也会影响惯例的复制，即惯例的效应越是在实践中得到体现和证明，就越容易得到复制者的肯定和认同，复制黏性相对变弱。

（二）情境特征

任何惯例的生成都是结构和能动性共同作用的结果，故而惯例是高度情境依赖的。虽然惯例复制发生在企业内部，但仍然存在情境的差异，而且由于时间因素的作用，情境也会动态地发生变化。有学者在对跨国企业内部惯例转移的研究中发现，成功的惯例转移将涉及社会情境、组织情境和关系情境。因此，复制情境与目标惯例生成原始情境的差异程度，如文化差异、人员素质与分工、任务结构、活动目标等，都会影响惯例的复制。而当情境差异巨大时，不但复制会变得困难，目标惯例本身也会发生变异。

（三）目标惯例代理人的特征

由于惯例的生成和执行需要代理人投入一定的时间和资源，而惯例在形成后又能有效地提高活动效率，出于对知识的占有和珍视，目标惯例代理人往往不愿意与他人共享知识。而这种共享意愿与组织的激励程度是有关的，只有不断提高目标惯例代理人的共享意愿，惯例复制的黏性才能消减。此外，目标惯例代理人的共享能力也会影响惯例的复制。对于一些缄默性程度较高的惯例，代理人可能会因"说不清"或者"不好说"而导致惯例知识的漏损或失真，从而增加惯例复制的难度。

（四）复制代理人的特征

目标惯例的复制受复制代理人复制意愿和复制能力的制约。一般情况下，复制代理人不愿意接受来自外部的行动方式和知识，因为这意味着复制代理人要改变原有的行为方式，这会给其带来不确定性和焦虑感。受此影响，复制代理人在惯例复制过程中可能出现故意拖延、虚假接受、隐藏破坏甚至公然反抗等行为。复制意愿的提高取决于企业能否给予复制代理人足够的激励。复制能力决定了复制代理人对目标惯例包含知识的识别、吸收和保留程度，程度越高，说明惯例复制的难度越小。

第三节　惯例的触发形式与企业管理模式趋异

企业惯例的生成是活动触发的，而这种触发是情境因素共同作用的结果。由于企业面临的情境因素总是不同的，这必然导致企业间惯例（集）特征的差异，而通过惯例的复制与执行，这种差异便会反映在不同企业的管理模式上，我们将其称为企业管理模式的趋异性。当比较对象为单个企业时，企业间内部因素包括能动性的差异，如企业家精神、企业规模、资源基础、治理结构、战略制定与实施等，往往成为分析的入手点，当这些企业处于同一国家、地区或行业中时，这种倾向更为明显。而当比较对象为企业群体时，企业间内部环境的差异往往被忽略，更多地倾向于分析不同企业群体所面临的外部环境的差异，如文化、政治体制、科技发展情况、产业门类与结构等。在这方面，演化理论中的个体群思维方法为我们提供了有力的分析工具。

一、惯例的结构性触发与企业管理模式趋异

在惯例生成的过程中，当向下因果起主导作用时，结构因素的差异便通过惯例的生成、复制与模仿传递给企业管理模式，从而导致其特征上的差异甚至是截然不同的。以20世纪80年代美国波士顿郊外的128号公路沿线地区和加利福尼亚的硅谷地区为例，从惯例的视角对两个地区企业管理模式的差异进行系统分析。

（一）两个地区结构因素的差异

在《地区优势：硅谷和128公路地区的文化与竞争》一书中描述了两个地区在文化和产业体制上的差异。20世纪70年代末和80年代初，两个地区都致力于由电子工业向高技术产业转型，但两个地区企业面临的环境差异明显：128号公路地区受17世纪保守主义的影响，等级制和独裁的伦理观念广为接受，而

员工大多来自本地，社交圈子主要以家庭、教堂、学校等为中心；讲究工作稳定和对公司忠诚，难以接受跳槽；企业一直以来采取独立公司的形式存在，而且分布广泛，并逐渐扩散到外围地带和洲际 495 号公路，被森林、湖泊和高速公路分隔开，企业之间界限分明，缺乏足够的联系；长期以来从事军事生产，要求其对知识产权进行保护；缺乏一体化商业协会；麻省理工学院同老牌企业合作的传统；风险投资机构的保守支持。与之相比，硅谷地区企业成员主要来自中西部地区，没有家庭、亲友和社团的束缚，可以义无反顾地冒险和实验；频繁跳槽是被接受的；硅谷地区的东部是旧金山海岸的一条狭长的地带，西部是圣克鲁斯山的丘陵，这缩短了公司之间的距离，使得频繁的非正规交流成为可能；企业间联系紧密，业务外包非常广泛；存在一体化的商业协会；斯坦福大学愿意同各种规模的科技企业结成良好关系并给予智力支持；风险投资机构的青睐。

（二）两个地区企业管理模式的差异

结构性因素的差异使两个地区的企业遵循不同的惯例，128 号公路地区的企业普遍遵循高度保密、自给自足和规避风险，而硅谷地区的企业则多认同知识共享、业务外包和勇于冒险。遵循惯例的差异导致两个地区企业管理模式的不同。

由于遵循惯例的不同，硅谷地区和 128 号公路地区企业在决策制定，组织结构，控制、沟通和激励方式上存在明显差异。在决策方面，出于对员工冒险精神的支持和知识共享的需要，硅谷地区的企业普遍将决策权下放，给予员工在资源配置、产品设计、零部件选择等方面较高的自主权，在决策方式上也不遵循既定的程序，而 128 号公路地区的企业正好相反。在组织设计方面，知识共享和业务外包都强调企业内部和企业之间的合作，这就需要组织结构保持网络化和弹性，任务小组是硅谷地区的企业中最常见的组织单元，而重视层级和稳定性是 128 号公路地区企业组织结构的主要特征。在控制方面，硅谷地区的企业弱化等级的概念，给予员工足够的自由和平等对待，同时对员工跳槽也不限制，而 128 号公路地区为保密和规避风险，往往采取严密的控制体系。在沟通方面，硅谷地区不仅支持员工在工作场所内的非正式沟通，而且允许员工在私人聚会、企业协会、各种俱乐部等进行广泛的合作与信息交换，而高度保密则要求 128 号公路地区限制员工之间的非正式沟通。在激励方式上，出于鼓励知识共享与创新，允许员工持有股票或期权是硅谷企业通行的做法，而在 128号公路地区企业中，仅有少数员工能成为企业所有者之一。

二、惯例的能动性触发与企业管理模式趋异

惯例的生成并不是结构因素单一作用的结果，行动者的能动性在其中也发挥着重要作用。在很多情况下，惯例生成也可能是行动者能动性起主导作用的结果。由于结构性因素的不同以及行动者个体的差异，能动性的作用方向和结果是多样化的，这种多样化成为惯例差异的根源之一，进而造成企业管理模式的趋异。在企业惯例的生成与复制过程中，与其他行动者相比，企业家或企业领军人物的能动性起到至关重要的作用，笔者以 2000 年之前海尔和长虹两家企业为例进行分析。

（一）两家企业的能动性差异

海尔和长虹是国内知名的两家家电企业，1984 年，海尔创立于青岛，其前身是属于集体性质的青岛电冰箱总厂，海尔在 1991 年以前主要致力于电冰箱生产，1991 年以后开始进入洗衣机、电视机、空调等行业。长虹创始于 1958年，其前身国营长虹机器厂是一家军工企业，在 2000 年以前主要以生产彩电为主。1985 年，张瑞敏开始担任海尔掌门人至今；同年，倪润峰任长虹电视机厂厂长，在 2000 年 6 月因病隐退之前一直引领长虹的发展方向。1985~2000 年，在担任两家公司长达 15 年决策者的过程中，张瑞敏和倪润峰的能动性发挥推动了海尔和长虹的快速发展，使两家企业在 2000 年左右成为家电企业中的佼佼者。作为企业的决策者，张瑞敏和倪润峰的能动性主要体现在企业发展战略的制定上。

在倪润峰掌权期间，长虹主要坚持成本领先战略：1986 年，长虹成功引进了松下彩电生产线，在提高产品质量的同时迅速扩大生产规模从而降低产品成本；1989 年，长虹发动第一次价格大战，推动中国彩电业由黑白向彩电升级；1996 年，在银根紧缩、关税降低、国外彩电蜂拥进入国内市场的背景下，长虹发动第二次价格大战，极大提高了长虹在 25 ～ 29 英寸彩电的市场占有率（由降价前的 16.68% 上升到 31.64%），竞争实力得到极大增强；1999 年，长虹发

动第三次价格大战，其市场占有率再次稳居第一，达到 18.8%。经过三次降价，长虹发展成为国内首屈一指的彩电制造企业，而倪润峰在长虹的个人魅力和英雄主义逐步强化。加上长虹长期以来管理上的军事化作风，长虹内部逐渐形成了一种"贯彻执行"的共识，即员工无须考虑决策问题，只需贯彻执行即可。

与长虹相比，海尔从成立伊始就推行差异化战略：在 1984 ~ 1991 年，在竞争对手满足于供不应求的市场状态时，张瑞敏提出名牌战略，并开创一条以提高人的素质而非仅靠引进设备和技术来提高产品质量的差异化路径，在此期间，海尔开始推行自主管理班组。1991 ~ 1998 年，海尔抓住南方谈话的机遇，积极进行企业兼并和工业园建设，并创出一条靠企业文化，即将人的因素放在第一位的兼并道路。与此同时，在长虹等国内家电企业忙于打价格战的时候，海尔却反其道而行之，积极推进售后服务体系建设。从 1999 年开始，在明知国外设厂存在成本劣势的情况下，海尔仍坚持在美国南卡罗来纳州建立工业园，并以此创立国际品牌和培养国际化人才。张瑞敏一系列的反常规做法及其带来的成功，在海尔内部达成了一种"鼓励创新"共识，即通过决策者的创新调动所有行动者的能动性。

（二）两家企业管理模式的差异

由上述分析可知，张瑞敏和倪润峰能动性的差异造成了两家企业截然不同的惯例体系，进而导致两家企业管理模式上的差异。出于调动员工能动性的需要，海尔将决策权逐级下放，在组织结构上也是扁平的，海尔 20 世纪 80 年代推出的自主管理班组以及 20 世纪 90 年代实行的自主经营实体就是最好的例证。与海尔相比，长虹的决策权是高度集中的，在组织设计方面，也是通过层级制度来保证战略的贯彻执行。在控制方面，海尔强调用强大的企业文化对员工实行软约束，而长虹则通过准军事化的规章制度来控制员工行为。在领导方式上，长虹更为强调通过员工的服从来保证任务的完成，而缺少了对于"人"的能动性的关注，海尔则倡导通过激发员工的创新精神来实现其战略目标，属于任务与关系并重型的领导方式。值得一提的是，无论是"鼓励创新"还是"贯彻执行"，惯例本身不存在孰优孰劣，2000 年以前海尔和长虹各自取得的巨大成功便是最好的证明。随着长虹囤积显像管失败、2003 年价格战带来的产品形象受损以及倪润峰的两次离任，长虹"贯彻执行"的惯例在因执行中产生的活动效果达不到企业的活动期望而逐渐被打破。而海尔"鼓励创新"的惯例却因不断的成功以及张瑞敏的持续领导得以加强。

第三章　经营环境分析

第一节　经营环境

一、经营环境的含义

经营环境是与企业有关的外部因素，是企业实现其产品价值，获得盈利的基础。经营环境是企业经营决策系统中最活跃、最富于变化的因素，经营环境的变化或多或少地影响企业的生产经营活动与企业的生存发展。企业从事经营活动必须分清有利和不利，避开风险，把握机会，扬长避短，发挥优势。

每个企业作为一个开放系统，在企业内部以及其与外部环境要素之间都发生着物质和信息的交换，通常企业的活动受到内部环境和外部环境的影响。因此，管理者的一项重要工作就是弄清楚管理环境能够给组织提供机会或造成威胁的因素，并分析组织内部环境所带来的优势与隐忧，从而为科学决策提供依据。

二、经营环境分析的基本方法

经营环境分析的基本方法是 SWOT 分析。分析内部环境主要找出企业经营的优势（Strengths）和劣势（Weaknesses）；分析外部环境主要找出经营的机会（Opportunities）和威胁（Threats）。将这四种因素综合起来进行分析，就是 SWOT 分析，如表 3-1 所示。

表3-1　SWOT分析表

优势与劣势	优势	劣势
	设计良好的战略？强大的产品线？宽的市场覆盖面？良好的营销技巧？品牌知名度？研发能力与领导水平？信息处理能力	不良战略？过时、过窄的产品线？不良营销计划？丧失信誉？研发创新下降？部门之间争斗？公司控制力量薄弱
机会与威胁	机会	威胁
	核心业务拓展？开发新的细分市场？扩大产品系列？将研发导入新领域？打破进入堡垒？寻找快速增长的市场	公司核心业务受到攻击？国内外市场竞争加剧？为进入设置壁垒？被兼并的可能？新产品或替代品的出现？经济形势的下滑

三、经营环境分析的内容

经营环境分析包括企业外部经营环境分析与企业内部经营环境分析两大部分。

（一）外部经营环境分析

外部经营环境的分析包括对宏观环境的分析（PEST）和作业环境的分析，如表 3-2 所示。

表3-2　外部经营环境分析的类型

序号	类型	具体内容
1	宏观环境分析	宏观环境是外部经营环境中的一般环境，是我国企业经营所共同面对的环境。对企业经营影响较大的一般环境主要包括社会经济环境、宏观技术环境、社会政治与法律环境、宏观社会与心理环境等
2	作业环境分析	作业环境是某一个或某一类企业开展经营活动所直接面临的环境，任务环节主要包括产品市场、顾客、竞争者、供应商、金融机构与融资渠道、相关法律与法规、政府主管部门等

外部经营环境分析的关键是要找出企业发展的机会与面临的威胁：①发现并抓住机会；②发现并规避威胁。

在分析企业经营的任务环境的过程中，应侧重分析两个方面的内容：①产业环境；②本企业所处的地位。

产业环境的分析模型——"五力分析模型"，是由美国学者迈克尔·波特提出的，通过对五种竞争力的研究分析任务环境。他认为，一个产业的竞争状态取决于五种基本的竞争力量，即新加入者的威胁、购买者的议价能力、替代品或服务的威胁、供应者的议价能力、行业现有企业的竞争力。这五种竞争力反映了一般产业的竞争构成因素，具有普遍性。

（二）内部经营环境分析

内部经营环境的分析主要包括对营运因素、企业的组织结构、组织文化进行分析，具体方法是SWOT分析法。

企业内部经营环境是企业开展经营活动的基础，对企业的战略决策及经营绩效具有重要意义。其内容如表3-3所示。

表3-3　内部经营环境分析

序号	内容	具体说明
1	分析内部经营环境的基本方法	分析内部经营环境的四种基本方法
2	分析模型与方法——价值链分析	价值链分析是分析企业内部经营环境的重要方法。价值链是由一系列生产经营活动构成的，主要包括基本活动和支援活动
3	建立竞争优势的基础	企业建立竞争优势的基础主要包括质量、效率、创新、顾客回应四个方面
4	建立竞争优势的策略	构建企业竞争优势的策略主要有三种，分别是成本领先策略、产品差异化策略、专一化策略
5	隐忧分析	导致企业失败的隐忧与劣势主要有五方面原因
6	企业隐忧的消除	消除的方法主要有四种

案例：海尔的SWOT分析

海尔集团是全球大型家电第一品牌制造商，也是中国电子信息百强企业之首，在全球多个国家建立了本土化的设计中心、制造基地和贸易公司。下面是有关海尔的SWOT分析。

优势：海尔有多种产品在中国市场位居行业之首及在世界市场占有率居行业前三位，在智能家居集成、网络家电、数字化、大规模集成电路、新材料等技术领域处于世界领先水平，在国际市场彰显出发展实力。"创新驱动"型的海尔集团致力于向全球消费者提供满足需求的解决方案，实现企业与用户之间的双赢。在自主知识产权基础上，海尔还主持或参与了近百项国家标准的制定、修订工作，其中，海尔热水器防电墙技术、海尔洗衣机双动力技术还被纳入国际电工委员会（IEC）国际标准提案，这充分说明海尔的创新能力已达世界级水平。在创新实践中，海尔探索实施的全方位优化管理（OEC）模式、市场链管理及人单合一发展模式均引起了国际管理界高度关注，目前，已有美国哈佛大学、南加州大学、瑞士洛桑国际管理学院、法国的欧洲管理学院、日本神户大学等商学院专门对此进行案例研究，海尔市场链管理还被纳入欧盟案例库。海尔人单合一发展模式为解决全球商业的库存和逾期应收提供了创新思维，被国际管理界誉为"号准全球商业脉搏"的管理模式。海尔的优势还包括：企业文化的长期熏陶；员工素质相对较高；规范化管理；真正把信息化作为"一把手"工程，难得有一名老总能够对信息化分析得如此透彻，阐述得头头是道；观念转变在前，流程再造在后，二者相辅相成，交互前行，从张瑞敏砸冰箱首开海尔观念转变之先河，从此一发不可收，才有现在的海尔；等等。相对于国外企业，海尔的信息化具有强劲的后发优势，在全球互联网的大范围普及和国际化大企业信息化的全面扩张局势下，海尔在国外企业的成功经验基础上更容易取得成绩。

劣势：海尔在传播和公关技巧方面十分欠缺，这将使我国未来的收购企业十分困难。海尔公关方面欠缺，很大一部分原因在于海尔在聘任机制上存在一定的问题，只注重对技术、知识的考查，忽略了对个人能力的考查。海尔这些年发展迅猛，以至于我们毫不怀疑它的国际化。信息化进行得如火如荼，内部的信息化还好说，外部的信息化，尤其是与国内供应商、分销商的电子数据交换，却一直处于两难境地，采购和分销成本的降低仍然难以彻底实现。海尔希望供应商和分销商的信息化水平与海尔同步，但实际情况与预计却大相径庭，没有人能跟得上海尔发展的步伐，海尔最终孤掌难鸣。外部环境的不配套、不同步，是导致海尔外部信息化不成功的重要原因，这是海尔始料未及的，但即使知道这个结果，也要硬着头皮上，谁让它是海尔呢？海尔就是要处处争第一！

机会：海尔之所以能取得巨大的成就，很大一部分原因在于海尔的企业文化。有生于无——海尔的文化观；人人是人才，赛马不相马——海尔的人才观；先谋势，后谋利——海尔的战略观；人单合一——海尔的经营模式；企业如同斜坡上的球——海尔的日清高 OEC 管理法；市场无处不在，人人都有市场——海尔的市场链；品牌是帆，用户为师——海尔的品牌营销；企业生存的土壤是用户——海尔的服务观；海尔的服务走出去、走进去、走上去——国际化的海尔；管理的本质不在于"知"而在于"行"——海尔的管理之道。海尔在未来的时间里要想取得长足发展，必须继续以海尔的企业文化为基准，同时要注重科技创新实现企业信息化。随着国际化的趋势越来越强，海尔面临着巨大的机遇和挑战。海尔的发展机会在于要把握时代脉搏，与时俱进，不断创新。海尔未来的发展方向主要依靠三个转移：一是内部组织结构的转移；二是国内市场转向国际市场，不是指产品出口，而是说要海外建厂、办公司；三是要从制造业转向服务业，做到前端设计、后端服务。在这种情况下，海尔应抓住机遇，迎接挑战，创世界名牌。

威胁：目前，海尔仍然面临着很多威胁，伴随着家电企业的不断兴起、技术的不断完善，海尔必须不断地提高科学技术创新水平，进而提升自己的优势。此外，海尔应该向多产业方向发展，以提高自己的竞争力。面对海尔的信息化，国内同行大多是一边看海尔外部信息化的发展，一边加紧自身内部信息化的推进，这就是海尔所面临的威胁。竞争对手的虎视眈眈使海尔如芒刺在背，敢于吃螃蟹的也许是英雄，但不一定是成功者。海尔外部信息化的停滞不前，也给国内的信息化产业当头一棒。可以预见到，一旦外部信息化的时机成熟，从技术角度上讲，谁也不会比谁慢多少；倘若抛开这些年来海尔品牌宣传效应不谈，海尔竞争对手们外部信息化的成长只是旦夕之间。

总结：任何一个企业在发展过程中总会面临着这样或者那样的问题。我们要防微杜渐。面对新的全球化竞争条件，海尔确立全球化品牌战略、启动"创造资源、美誉全球"的企业精神和"人单合一、速决速胜"的工作作风，挑战自我、挑战明天，海尔正在为创出中国人自己的世界名牌而持续创新！

第二节　宏观环境分析

宏观环境分析是确认和评价法律、经济、技术和社会人文等宏观因素对企业战略目标和战略选择的影响。一般而言，宏观环境分析的主要因素包括经济因素、技术因素、社会文化环境因素、人口因素等类型。以下将逐一阐述。

一、经济因素

经济因素是指一个国家或地区的经济制度、经济结构、物质资源状况、经济发展水平、消费结构与消费水平及未来的发展趋势等状况。一般来说，在宏观经济大发展的情况下，市场扩大，需要增加，企业发展机会就多。例如，国民经济处于繁荣时期，建筑业、汽车制造、机械制造以及轮船制造业等都会有较大的发展，而上述行业的增长必然会带动钢铁业的繁荣，增加对各种钢材的需求量。反之，在宏观经济低速发展或停滞或倒退的情况下，市场需求增长很少甚至停滞，这样企业发展的机会则减少。反映宏观经济总体状况的关键指标是国内生产总值增长率。比较高的、健康的国内生产总值增长率表明国民经济的运行状态良好。而经济的总体情况通常受到政府赤字水平以及中央银行倾向供应量这两者相互关系的重大影响。

除上述宏观经济总体状况外，企业还应考虑中央银行或各专业银行的利率水平、劳动力的供给（失业率）、消费者收入水平、价格指数的变化（通货膨胀率）等。这些因素将影响企业的投资决策、定价决策以及人员录用政策等。值得注意的是，从 21 世纪初开始，中国政府的宏观调控目标主要集中在四个方面：①国内生产的增长速度；②物价总水平；③城镇失业率或就业水平；④国际收支平衡状态。

产业集群的存在与否对于一个地区的竞争力产生重要影响。所谓产业集群，是指在特定领域中，同时具有竞争与合作关系，且在地理上集中，有相互关联性的企业、专业化供应商、服务供应商、相关产业的厂商以及相关的机构（如大学、制定标准化的机构、产业公会等）的经济集聚现象。归纳而言，产业集群为一个区域所带来的竞争性主要表现在以下三个方面。

（一）外部经济效应

集群区域内企业数量众多，从单个企业来看，规模也许并不大，但集群区内的企业彼此实行高度的分工协作，生产率极高，产品不断出口到区域外的国内市场和国际市场，从而使整个产业集群区域获得一种外部规模经济。

（二）空间交易成本的节约

空间交易成本包括运输成本、信息成本、寻找成本以及合约的谈判成本与执行成本。产业集群区内企业地理距离较近，容易建立信用机制和相互信赖关系，从而大大减少机会主义行为。区内拥有专业化人才库，还能吸引最优秀的人才来工作。这就减少了在雇用专业人才方面的交易成本。集群区域有大量的专业信息，个人关系及种种社区联系使信息流动很快，这样就减少了企业的信息成本。重要投入品大多可以从集群区内其他企业就近获得，可以节省运输成本和库存成本，还能享受供应商提供的辅助服务。因此，集群区域内企业之间保持着一种充满活力和灵活性的非正式关系。在一个环境快速变化的动态环境里，这种产业集群现象相对垂直一体化安排和远距离的企业联盟安排更加具有效率。

（三）学习与创新效应

产业集群是培育企业学习能力与创新能力的温床。企业彼此接近，激烈竞争的压力，不甘人后的自尊需要，当地高级顾客的需要，迫使企业不断进行技术创新和组织管理创新。一家企业的知识创新很容易外溢到区内的其他企业，因为这些企业通过实地参观访问和经常性的面对面交流，能够较快地学到新的知识和技术。这种创新的外部效应是产业集群获得竞争优势的一个重要原因。此外，产业集群也刺激了企业家才能的培育和新企业的不断诞生。

对于从事跨国经营的企业来说，还必须考虑的经济因素包括关税种类及水平、国际贸易的支持方式、东道国政府对利润的控制、税收制度等。外国政府有时限制外方企业从该国提走的利润额，有时还要对外方企业所占有的股份比例加以限制。

由多个国家组成的经济—政治联盟已经成为影响企业活动的一支重要经济力量，其中比较重要的是石油输出国组织（又称"OPEC"）和欧洲联盟。石油输出国组织是一个包括世界上最主要石油和天然气生产国的卡特尔。它的宗旨是控制成员国的石油价格和生产水平，这一组织的定价决策和生产数量将会对世界经济和石油消费工业产生极大的影响。欧洲联盟最早成立于1957年，随着时间的推移和影响力的不断扩大，其成员国不断扩展。早期主要由发达的西欧国家组成，目前则吸引了北欧和东欧的一些国家，并且还在继续扩大。欧洲联盟的最初宗旨是取消配额和建立无关税的贸易区，以推进和成员国之间的合作。20世纪末实施的欧洲共同市场，实际上消除了各成员国企业间的经济合作的所有障碍，允许产品、服务、资金以及人员的自由流动。除上述两个经济组织外，比较成型的组织还有美国、加拿大和墨西哥三国成立的北美自由贸易区和东盟自由贸易区。上述的所有经济组织对企业的战略管理都有潜在的影响。为了取得成功，企业的经营者必须识别出那些最能影响战略决策的关键的经济力量。

二、技术因素

技术因素不仅指那些引起时代革命性变化的发明，还包括与企业生产有关的新技术、新工艺、新材料的出现，其发展趋势及应用前景技术的变革在为企业提供机遇的同时，也对它构成了威胁。因此，技术力量主要从两个方面影响企业战略的选择。

一方面，技术革新为企业创造了机遇。其表现在：第一，新技术的出现使得社会和新兴行业增加对本行业产品的需求，从而使企业可以开辟新的市场和新的经营范围；第二，技术进步可能使企业通过利用新的生产方法、新的生产工艺过程或新材料等各种途径，生产出高质量、高性能的产品，同时也会使产品成本大大降低。例如，连铸技术的出现，简化了钢铁加工工艺过程，提高了生产效率，也节约了大量能源，从而降低了产品成本；互联网技术的广泛应用可以使企业在全球范围内实现最优成本采购和全球物流配送，同时也可使企业在不同的地点完成产品研发、设计、生产、销售和售后服务等不同的活动，以寻求产品的不断增值。

另一方面，新技术的出现也使企业面临着挑战。技术进步会使社会对企业产品和服务的需求发生重大变化。技术进步对某一个产业形成了机遇，可能会对另一个产业构成威胁。塑料制品业的发展就在一定程度上对钢铁业形成了威胁，许多塑料制品成为钢铁产品的代用品。此外，竞争对手的技术进步可能使得本企业的产品或服务陈旧过时，也有可能使本企业的产品价格过高，从而失去竞争力。在国际贸易中，某个国家在产品生产中采用了先进技术，就会导致另一个国家的同类产品价格偏高。因此，要认真分析技术革新对企业带来的影响，认清本企业和竞争对手在技术上的优势和劣势。

三、社会文化环境因素

社会文化环境包括一个国家或地区的社会性质、人们共享的价值观、文化传统、生活方式、人口状况、教育程度、风俗习惯等多个方面。这些因素是人类在长期的生活和成长过程中逐渐形成的，人们总是自觉或不自觉地接受这些准则。

（一）文化传统

文化传统是一个国家或地区在较长的历史时期所形成的一种社会习惯，它是影响人们活动的一个重要因素。文化环境对企业的影响是间接的、潜在的和持久的。文化的基本要素包括哲学、语言文字、文学艺术等，它们共同构筑成文化系统，对企业文化产生重大影响。哲学是文化的核心部分，在整个文化中起着主导作用；语言文字和文化艺术是文化的具体表现是社会现实生活的反映，它对企业职工的心理、人生观、价值观、性格、道德及审美观的影响是不容忽视的。

（二）价值观

价值观是指社会公众评价各种行为的观念标准。不同的国家和地区的价值是不同的。例如，一些国家价值观的核心是个人的能力与事业心；一些国家价值观的核心是强调集体利益，日本、韩国等国家的企业注重内部关系的融洽、协调与合作，形成了其企业的高效率模式。

（三）社会发展趋向

近年来，社会环境方面的变化日趋显著。这些变化打破了传统习惯，使人们重新审视自己的信仰与生活方式，影响人们对穿着款式、消费倾向、业务爱好以及对产品与服务的需求，从而使企业面临严峻的挑战。现代社会发展的主要倾向之一，就是人们对物质生活的要求越来越高。一方面，人们已经从"重义轻利"转向注重功利、注重实惠，有些人甚至走到唯利是图的地步。产品的更新换代日益加速，无止境的物质需求为企业发展创造了外部条件。另一方面，随着物质水平的提高，人们正在产生更加强烈的社交、自尊、信仰、求知、审美、成就等较高层次的需要，人们希望从事能够展示自己才能的工作，使自己的个人潜力得到充分发挥。

（四）社会各阶层对企业的期望

社会各阶层包括股东、管理者、原材料供应者、产品销售机构人员及其与企业有关的阶层。这些阶层对企业的期望是各不相同的。例如，股东集团评价战略的标准主要是看投资回收率、股东权益增长率等；企业工作人员评价战略的标准主要是看工资收益、福利待遇及其工作环境的舒适程度等；而消费者则主要关心企业产品的价格、质量、服务态度等；至于政府机构，它们评价企业的立足点，主要看企业经营活动是否符合国家政策、法规和各项有关的行政规章制度。

四、人口因素

人口因素主要包括人口总数、年龄构成、人口分布、人口密度、教育水平、家庭状况、居住条件、死亡率、结婚率、离婚率、民族结构以及年龄发展趋势、家庭结构变化等。

人口因素对企业战略的制定有重大影响。人口总数直接影响社会生产总规模；人口的地理分布影响企业的厂址选择；人口的性别比例和年龄结构在一定程度上决定了社会需求结构，进而影响社会供给结构和企业生产结构；人口的教育文化水平直接影响企业的人力资源状况；家庭户数及其结构的变化与耐用消费品的需求和变化趋势密切相关，因而影响耐用消费品的生产规模。

第三节　行业结构分析

一、行业结构的含义

行业结构又称产业结构或市场结构，是指在特定市场中，企业间在数量、份额、规模上的关系，以及由此而决定的竞争形式。行业结构的划分依据是：交易者数目；交易商品的单一性，即交易的商品的质量是否相同；进入市场有无障碍；交易者所得到的信息是否完全。

行业结构主要包括三个要素，即市场集中度、产品差别和进入壁垒。市场集中度主要包括绝对集中度和相对集中度。绝对集中度以特定市场内几家大企业的生产、销售、员工、资金等的投入与产出指标的累计数占整个市场相应指标的总数份额比例表示。应该说，行业内产品是可以相互替代的，否则就构不成一个行业，不过，行业内产品在绝大多数情况下是有差异的，这种产品判别是厂商争夺市场份额的重要手段。

二、主要的行业结构类型

根据经济学的观点，行业结构大致分为四类，即完全竞争市场、垄断竞争市场、寡头市场和完全垄断市场。微观经济学认为，不同市场结构，经济效率不同。这种经济效率上的差别，源于市场竞争程度的不同。竞争程度越高，经济效率越高；竞争程度越低，经济效率越低。因此，从理论上讲，经济效率最高的是完全竞争市场，其次是垄断竞争市场，再次是寡头市场，效率最低的是垄断市场。以上所述四种行业结构的特点可以归纳如下。

（一）完全竞争市场

现代经济学规定，完全竞争市场的特征有：①市场上存在着大量的买者和卖者，由于他们单个的交易量在供求总量中占很小比重，因而任何单个的买者和卖者都不能影响市场价格，而只能是既定价格的接受者；②任何厂商都可以自由地并且非常容易地进入市场；③所有卖者向市场提供的产品或服务都是同质的，对买者来说没有差别；④生产和经营某种商品的所有资源都可以自由进入或退出市场。

在现实生活中，完全意义上的完全竞争市场是不存在的，不过我们通常可以把集市上的鸡蛋零售市场作为完全竞争市场。需要说明的是，由完全竞争市场的四大特征推导出来的结论却不只在完全竞争市场中才会出现。事实上，包括很多消费品在内的市场虽然不符合完全竞争市场的定义，但是这些市场同样面临价格竞争，从而使价格趋于边际成本。

（二）垄断竞争市场

完全竞争和完全垄断是两种极端情况，现实中普遍存在的是垄断竞争市场。垄断竞争又称不完全竞争，是指一种既有垄断因素又有竞争因素的市场结构。微观经济学对垄断竞争市场的假设有：①市场上存在大量的卖者和买者，以至于某一卖者（或买者）可以忽视其他卖者（或买者）的行为对自己利益的影响；②卖者（厂商）的产品存在差异，但同属一类产品，相互间有密切的技术替代关系（指它们都满足同样的需求）和经济替代关系（指它们有类似的价格）；③一个生产集团中各个厂商具有相同的需求和成本曲线；④厂商能够比较容易地进入或退出市场（生产集团）。

垄断竞争市场有这样一个特征：在一个市场中，许多厂商生产和销售有差异的同种产品。一方面，他们生产的是同种产品，这意味着他们的特点与完全竞争市场比较相近；另一方面，他们生产的产品是有差异的。这里，垄断竞争与完全竞争的差别就在于产品的差异性。

产品的差异性是研究市场结构与市场竞争的一个重要概念。一种商品通常可以用质量、区位、时间、适用性及质量信息来概括，一般消费者都会在选择产品时对这些系数进行排序。根据商品的特性和消费者特定偏好之间的关系，我们将其分为两种类型：纵向差异和横向差异。纵向差异是指所有消费者对所提及的大多数特性组合是一致的，即偏好次序是一致的。横向差异就是由于人们的喜好不同，对于商品的排序也不一定相同。

（三）寡头市场

寡头市场是指少数几家厂商控制整个市场的产品和销售的市场组织。寡头市场被认为是一种较为普遍的市场组织，不少产业都表现出寡头的特点。例如，计算机行业的中央处理器就只被英特尔等少数几家企业所控制。

（四）完全垄断市场

微观经济学将垄断定义为一个厂商控制一个全部供给的市场结构。在垄断市场下，不存在产品相近的代替品的竞争，也就是说，市场上只有一个卖者，而又没有其他替代品的竞争。在完全垄断市场结构下，厂商与行业（或市场）是完全重合的两个概念，行业中唯一的厂商就是垄断企业，这个垄断企业就构成了一个行业或市场，如原铁道部下属的中国铁路运输。

三、行业结构分析

产业竞争结构中有五种竞争力，即潜在进入者、购买者的讨价还价能力、供应者的讨价还价能力、替代品的威胁以及产业现有企业之间的竞争。行业结构分析的重点就是对这五种竞争作用力的分析，得到的结构将为企业定位于行业价值链的哪个环节奠定基础。

（一）如何分析潜在进入者的威胁

高额利润永远是企业追求的主题。当某个企业，尤其是某一新兴的行业，获得高额利润的时候，不仅会刺激行业内的现有企业增加投资来提高生产能力，而且会吸引行业外的潜在进入者进入该行业。潜在进入者进入将在两个方面减少现有厂商的利润：一方面，进入者会瓜分原有的市场份额；另一方面，进入者减少了行业的集中程度，激发现有企业的竞争，从而减少价格——成本差。对于一个产业来说，进入威胁的大小取决于其呈现的进入障碍与准备进入者可能遇到的现有在位者的反击强度。如果进入障碍高，原有的企业激烈反击，进入者难以进入本行业，那么威胁就小。

一般来说，行业进入障碍的大小主要取决于以下五个方面。

1. 规模经济

规模经济是指在一定时期内，企业所生产产品或服务的绝对量增加时，其单位成本趋于下降。当产业规模经济显著时，处于最佳规模或者超过最佳规模经营的企业与新进入者相比有成本优势，这就构成了进入障碍。例如，在汽车行业，规模效益显著，这正是我国汽车生产商进军国际市场的障碍。

2. 产品差异优势

产品差异优势是指原有企业所具有的商标信誉和用户的忠诚度等，它是通过长期以来的广告、服务、产品差异、行业悠久的历史形成的差异优势。进入者进入行业必须付出很大的代价来树立自己的信誉和克服现有用户对原有产品的忠诚。例如，在保健品行业，产品差异化是最主要的进入障碍。

3. 资金需求

如果生产某种产品需要大量的资金，或者因为竞争需要而投入大量的资金，那么这种资金的需要就是一种进入障碍。例如，进入中央处理器（CPU）行业就有很高的资金门槛。

4. 转换成本

转换成本是指购买者变换供应者所需支付的一次性成本，包括重新训练业务人员、增加新设备、调整检测工具等引起的成本，这一切会造成购买者对供应者的抵制。例如，微软的操作系统可能不是最好的操作系统，但转换操作系统的成本却是非常高昂的。

5. 销售渠道

产品或服务的差异化与是否对潜在进入者构成障碍和最终的消费者对产品的选择偏好有关系。然而对于一个新的产品生产厂商而言，他们必须改变原有经销商的偏好，使自己的商品通过他们进入销售渠道，这样就形成了进入障碍。那种与原有的企业建立专营的销售渠道所形成的障碍，对于一个新的进入者而言，障碍是极大的，他们很难利用这些销售渠道。

（二）如何分析供应者和购买者的讨价还价能力

五种竞争力的水平是对产业价值链的描述，反映的是产品或服务从获取原材料到最终的产品分配和销售的过程。企业战略分析的一个中心问题就是如何组织纵向链条。作为产业价值链上的每个环节，都具有双重身份，对其上游单位，它是购买者，对其下游单位，它是供应者。购买者和供应者的讨价还价能力主要围绕价值增值的两个方面：功能与成本。讨价还价的双方都希望自己能够在交易中获得更多的价值增值。因此，购买者希望买到物美价廉的产品，而供应者则希望提供质次价高的产品。

购买者和供应者讨价还价能力的大小取决于以下四个方面。

1. 买方（或卖方）的集中程度或业务量的大小

当购买者购买力集中或者对卖方来说是一笔很可观的交易，则购买者讨价还价的能力会提高。反之，当少数几家供应商控制供应时，则会在价格和服务质量上给买方施加很大的压力。这就是我国电信行业受到消费者诸多非议的原因。

2. 产品差异化程度与资产专用性程度

资产专用性是资产只适用于一种产品和技术的生产。资产专用性是社会分工的产物。企业资产专用性程度越高，生产效率和质量就越高。但是资产专用性也使资产的生产适应性下降，当企业转产时会成为一种损失成本。资产专用性不仅体现在有形资产上，还体现在各种无形资产上，如管理系统、品牌、供应与销售关系以及研发、生产制造、实际操作的知识和技能等。

当供应者的产品存在差异性，而替代品又不能与供应者的产品相竞争时，供应者讨价还价的能力则增强了。在过去，我国一些家电产品在质量上无法与国外的著名品牌家电相比，因此，国外的家电价格始终居高不下，但是随着我国家电产品的崛起，国外一些家用电器产品不得不加入我国市场竞争中，我国的彩电行业就是一个典型的使国外供应商的态度发生转变的例子。

3. 纵向一体化程度

若购买者已经实现了向后一体化，就会使供应者处于不利地位；若供应者实现了向前一体化，就会使购买者处于有利地位。

4. 信息掌握程度

如果购买者充分了解了需求、实际市场价格、供应商成本等方面的信息，就比在信息贫乏情况下掌握更多讨价还价的筹码。同理，如果供应者掌握的信息较多，那么它将在讨价还价中占有主动地位。

（三）如何分析替代品的威胁

替代品是指那些与本行业的产品具有同样功能或者功能可以相互替代的产品。替代品往往是新技术与社会新需求的产品。对于现有的产业来说，替代品的威胁是不言而喻的。正因为如此，本行业与生产替代品的其他行业进行对抗常常是本行业采取共同措施、集体行动。当然，如果替代品是一种顺应时代发展潮流的东西，并且具有强大的实力，此时与替代品竞争是不现实的，那么，在这种情况下还不如采取积极引进态度来依托原有的品牌、服务等形象跟上时代的潮流，谋求新的发展。

当然，替代品也不一定能够完全取代原有的产品。例如，汽车、火车、飞机等交通工具相互共存、共同发展是一个很常见的现象。

（四）如何分析产业内现有企业的竞争

产业内现有企业的竞争是指一个产业内的企业为提高市场占有率而进行的竞争，这就是我们常说的竞争。不同的行业现有的企业间的竞争激烈程度是不一样的，有的比较缓和，有的比较激烈。产生这种竞争的原因是多方面的，主要包括以下几个方面。

1. 产业内有众多的或势均力敌的竞争对手

当一个行业中的企业为数众多时，必然会有一些企业为了占领更大的市场份额，获得更高的利润，而采取一些独立的行动来打击和排斥竞争对手，例如，我国彩电行业就是如此。

2. 产业增长缓慢

当行业快速增长时，企业可以发挥自己的优势和资源来发展自己。如果行业发展得比较缓慢，有限的发展空间使企业必须自己寻求出路，把力量放在争夺现有市场的占有率上，那么将使企业间的竞争激化，我国纺织业大致如此，不仅厂商众多，生产能力过剩，设备落后，而且竞争激烈，利润水平低下。

3. 规模经济的要求

当一个行业的固定成本较高时，企业需要通过扩大产量来降低单位产品的固定成本，新的生产能力不断增加，最终导致供大于求，就必然使竞争激化。

4. 产品的统一性高和转换成本低

如果行业内产品之间的差异性高，那么消费者大都会根据偏好或忠诚度来购买；如果产品同质性高，消费者就会在价格和服务上进行选择，这样就会使生产者在价格和服务上做出选择，形成竞争，使竞争者之间的直接对抗激化。同样，当转换成本低时，购买者在选择上有更大的自由，也会使竞争趋向更加激烈。

5. 不同性质的竞争者采用多种竞争方式和手段

任何企业都会根据自己的目标、条件制定的战略，并设法在竞争中取胜，所以，竞争者的性质不同，采取的竞争方式和手段也不同。

6. 退出障碍较高

这是由于专业化的固定资产清算和转化成本高，退出费用高，与其他企业和战略关系密切，员工的情感上难以接受或者政府和社会的限制等原因引起的。当退出障碍较高时，经营不善的企业继续运转下去，这样就使现有竞争者的竞争激化。

第四节　经营机会分析

评价一家企业经营机会的过程，要评价该企业进入行业的吸引力，评估企业业务的竞争力量和业绩潜力，以决定下一步采取什么样的战略行动。

一、识别当前的企业战略

企业需要考虑是否在寻求相关或不相关多元化或二者混合、最近的购并和剥离行动的本质和目的、公司管理试图创建多元化经营的种类等问题。具体来说，企业要考虑五个方面的问题：①公司多元化的程度。这可以通过每一项经营业务的销售额和经营利润占总销售额和经营利润的比例来衡量，并要看多元化的基础是宽还是窄。②公司的经营范围以国内为主，还要考虑国际化、全球化。在企业中增加新业务的决策和在新行业中确立地位的任何决策。③剥离已经失去吸引力的经营业务的决策。④最近采取的增加关键经营业务业绩或提高现存业务经营地位的决策。⑤管理人员为获取战略匹配利益和利用业务间的价值链关系创建竞争优势。

企业对当前的战略和其合理性有一个清楚的了解，可以弄清业务组合中的强势和弱势，决定是否要对战略进行细微改进或重大变动。

二、检验行业吸引力

这是要评价公司所在的每一行业的长期吸引力。在评价一个多元化经营公司的业务构成和战略质量时，考虑的首要因素是其进入行业的吸引力。这些行业越具有吸引力，公司的长期利润前景越好。

企业必须检查所进入的每一行业，判断它是否是较好的经营领域。这一行业长期增长的前景是怎样的，竞争条件和显现的市场机会是否为长期获利能力提供了好的前景，该行业的资本、技术和其他资源需求能否与公司的能力很好地匹配。

影响行业长期吸引力的因素包括：①市场规模和表现出的增长率。当然，大的行业比小的行业更有吸引力，快速增长行业比缓慢增长行业更有吸引力。②竞争强度。竞争相对较弱的行业比竞争较大的行业更有吸引力。③显现的机会和威胁。不远的将来，有明确机会和较小威胁的行业比缺少明确机会和较高威胁的行业更有吸引力。④季节和周期性因素。需求相对稳定的行业比购买者需求在年内或年间有较大波动的行业更有吸引力。⑤资本需求和其他特殊资源的需求。有较少资本需求的行业比投资需求可能抑制公司财务资源的行业更有吸引力。同样，不需要专门技术或独特的生产能力的行业比资源需求超过公司拥有的资源和生产能力的行业更有吸引力。⑥与公司现在的业务存在战略匹配和资源匹配关系，如果一个行业的价值链和资源需求与公司进入的其他行业的价值链活动以及公司的资源能力存在很好的匹配关系，那么这个行业更有吸引力。⑦行业获利能力。有相当高利润和高投资回报率的行业通常比一直是低利润、高风险的行业更有吸引力。⑧社会、政治、法规和环境因素。在消费者健康、安全或环境污染等领域存在重大问题或者违反严格规章的行业不如在这类问题上好于多数其他经营的行业吸引力大。⑨风险和不确定程度。有较小的不确定性和经营风险的行业比未来不确定、经营常常失败的行业更有吸引力。多元化的公司需要在所从事生产经营活动的各个行业的吸引力做出比较，将资源配置给那些有最大长期机遇的行业，剥离不盈利的行业。

三、检验竞争力

（一）相对市场份额

经营单位的相对市场份额是指其市场份额与该行业中最大对手的市场份额的比值。例如，如果 A 业务在其行业的全部产量中占 15%，其最大对手 B 占 30%，那么 A 的相对市场份额就是 0.5。如果业务 A 拥有 40% 的市场份额，其最大对手 B 占 30%，则 A 的相对市场份额为 1.33。根据这个定义，只有在各自行业中市场份额占领先地位的经营业务才会有大于 1.0 的相对市场份额；落后于领先对手的经营业务的市场则会小于 1.0。经营单位的相对市场份额越是小于 1.0，其竞争力和在该行业的市场地位就越弱。

从经济学的角度讲，相对市场份额可以反映出产品的相对成本和大规模生产的经济性。相对市场份额较大的企业可以以更低的单位成本进行生产经营。

（二）成本的竞争力

企业的经营业务在成本方面极具竞争力，在行业中比那些想要达到与主要对手相同成本水平的经营业务处于更强的地位。

（三）质量和服务上的能力

公司的竞争力还取决于它的产品在性能、可靠度、服务等重要属性方面能否满足购买者的期望值。

（四）讨价还价的能力

企业对供应者或购买者具有讨价还价的能力，本身就是一个竞争优势的源泉。

（五）技术和革新能力

在企业里占有技术领先地位和拥有革新能力的经营业务，在各自的行业中通常是强有力的竞争者。

（六）经营业务与行业成功关键因素的匹配能力

企业的经营业务的各项资源与行业的关键成功因素越匹配，其竞争地位越有利。

（七）品牌与信誉

企业具有很好的产品品牌及声誉也是一项有价值的竞争性资产。

（八）相对于竞争对手的获利能力

企业经营业务连续获得高于平均水平的投资回报，并比对手有更高的利润率，通常处于强有力的竞争地位。

检验竞争力的方法与评价行业吸引力的方法类似，要对每个竞争力衡量标准设置一个权数，表明其相对重要性。评估值高表示竞争力强，评估值低表示竞争力弱。每项指标再与所设定权数相乘，得到加权的竞争力评估值。例如，竞争力评估值6乘以权数0.25，得到加权评估值1.5。所有标准的加权评估值的总和就是该经营业务的整体竞争力。

有些研究表明，竞争力评估值高于6.7，该经营业务在其行业中就是强有力的市场竞争者；竞争力评估值低于3.3，该经营业务则处于较弱的市场地位，如表3-4所示。

表3-4　经营业务竞争力检验

竞争力衡量标准	权数	评估值	加权评估值
相对市场份额	0.20	5	1.00
相对竞争对手的成本	0.25	8	2.00
关键产品与竞争对手抗衡的能力	0.10	2	0.20
与供应商/购买者的讨价还价能力	0.10	6	0.60
技术和革新能力	0.05	4	0.20
资源与行业关键成功因素的匹配状况	0.15	7	1.05
品牌与信誉	0.05	4	0.20
相对竞争对手的获利能力	0.10	5	0.50
总和	1.00	—	—
竞争力评估值	—	—	5.75

多元化的公司正在将他们的资源集中于能使他们成为强有力的市场竞争者的行业上，并将不太可能成为市场领先者的业务进行剥离。例如，在通用电气公司，战略和资源配置的重点就是使通用电气的业务在美国和全球处于领先地位，他们只考虑这五种类型的经营业务：①值得进行优先投资的，具有高增长潜力的业务；②值得进行再投资，以保持其竞争地位的业务；③值得进行定期投资的支持性业务；④需要减少投资的业务；⑤需要大量研发（R&D）投资的风险业务。

四、检验战略匹配

企业通过检验战略匹配来考察各种经营业务价值链中的匹配关系以及其所形成的竞争优势潜力。一般从两个方面来看匹配关系：①企业内有多少经营业务与公司多元化进入的其他业务间有战略匹配关系；②每个经营业务是否与公司的长期战略很好地吻合。

当相关多元化公司的各项业务组都具有相关的技术、相似的价值链活动、交叉的分销渠道、共同的顾客或其他一些有价值的联系时，这个公司就可以获得完全不相关多元化的公司所无法得到的竞争优势。多元化经营公司具有战略匹配关系的业务越多，就越能在实现范围经济、增强特殊经营业务的竞争能力、提高其产品和业务的竞争力等方面获得很好的绩效。

五、检验资源匹配

企业检验自身的资源力量是为了更好地了解现有的资源是否能满足公司现在业务的需求。因此，多元化经营公司各项业务间需要具有很好的资源与战略的匹配关系。

（一）财务资源的匹配关系

多元化公司中不同的经营业务会有不同的现金流量和投资特点。公司检测财务资源的战略匹配关系，首先要从现金流量与现金需求方面来把握。处于迅速增长行业中的经营业务经常是"明星"型业务，它们每年的现金流量不能满足每年的资本需求。为了满足"明星"型业务不断增长的需求，保证它成为行业的领先者，企业就需要向其注入所需的财务资源。

"现金牛"型业务处在缓慢增长的行业中，但居于领先地位，而且对资本的需求不大。它们本身能够产生较大的现金流量剩余，足以超过资本再投资以及维持其领导地位等方面的需求。当然，从增长的角度看，"现金牛"型业务常常缺乏吸引力，但从财务资源方面来看，却是有价值的业务。多元化公司要保证"现金牛"型业务具有长期的现金增值能力，从而支持其他类型的经营业务。为此，公司需要认真考察哪些业务是明星业务，哪些是"现金牛"型业务，使公司的资源可以很好地在各项业务之间转移，形成最佳投资组合。

其次，公司除了从现金流量方面进行考虑以外，还应该看到如果一项经营业务对于实现公司业绩目标有所贡献，并且能够增加股东价值，它就具有很好的财务匹配关系。

（二）管理资源的匹配关系

多元化经营公司在制定战略时必须考虑如何使资源更好地满足其业务在竞争和管理中的需求，并在两者之间形成良好的匹配关系。

在公司所进入的行业中，当业务能够成功地开发出所需的竞争力和管理能力时，这种多元化就会增加股东价值。如果这种新的经营业务没有很好的资源匹配关系，公司就需要考虑对它们进行剥离。

在多元化进程中，公司对资源和能力的补充状况决定了它的竞争能力。公司多元化战略越是将资源和能力集中投入在新的业务上，就越需要建立足够的资源储备，保证这些业务能够创建竞争优势，否则，公司的资源就会被分散，从而失去创建竞争优势的机会。

值得注意的是，大部分多元化战略是以将资源能力转移到新业务上为基础的，但这种转移过程并不是那么容易。很多新业务很少如预期那样发展，其主要原因包括：①企业将一种资源能力由一项业务转移到另一项业务中需要一个学习过程。员工需要很好地掌握新业务的知识，并建立相应的团队，保证将新业务所需要的资源能力更好地转移过去。②企业在某些经营业务上已经取得了成功，再进入具有同样资源需求的类似的新业务时，往往对成功的希望过于乐观，结果导致失败。③企业在新的业务中错误地估计了自己与竞争对手在资源和能力上的差异，不能突破竞争对手形成的进入障碍。

六、根据历史业绩与未来业绩排序

多元化经营公司在对行业吸引力、竞争力量、战略匹配和资源匹配等方面进行评估以后，需要进一步评价哪些业务的业绩前景最佳，哪些业务的业绩前景最差，并进行排序。

排序的标准主要是销售增长、利润增长、投资于某项业务的回报以及现金流量增值等。一些企业还可以考虑采用经济附加值作为排序标准。

七、确定资源配置顺序与战略方向

根据前面的评价过程所得到的信息和结果，公司可以决定在各种经营业务中进行资源配置的优先顺序，并为每一经营业务设定一个一般的战略方向。在将业务从最高到最低排序的过程中，公司要弄清每个经营业务的基本战略途径，是采用投资和扩张还是积极防御，或者彻底调整和重新定位等。当公司决定是否要剥离一个经营业务时，应该通过行业吸引力、竞争力量、与其他业务的战略匹配关系、资源匹配关系、业绩潜力（利润、资本回报、经济附加值、对现金流量的贡献）等评价标准，检验该业务是否与公司战略远景和使命保持一致，如果不能保持一致，企业领导者就需要尽早剥离此业务。

八、制定新的公司战略

在前面工作的基础上，企业可以完成新的公司战略，在制定公司战略时，没有一个无所不包的万能的公式可以遵循。企业需要通过对未来的研究、试验，收集更多信息，挖掘各种选择的能力，确定新的机会，对危机做出防范，充分认识战略相关因素及其重要性。

战略分析对多元化经营公司的管理者而言，并不是一蹴而就的事情。研究表明，重大的战略决策通常是逐渐形成的，而不是进行定期、全面的分析，然后迅速决策的结果。最典型的情况是，高层管理常常先有一个过于宽泛的、直觉的概念，随着信息的收集、正规的分析进一步肯定或修正了他们对形势的判断，并且随着进一步战略行动建立的信心和共识，他们的最初思路逐渐得到调整、修正和完善。

第五节　经营风险分析

市场犹如战场，机遇与风险并存。在市场竞争中，风险在所难免，谁也不敢称自己为常胜将军。然而面对风险，有的经营者惊慌失措，使企业走向亏损和倒闭；有的经营者则镇定自若，化风险为良机，反败为胜。因此，现代企业经营管理不仅要认识和捕捉市场发展的机会，而且要防微杜渐，排除潜在和面临的风险，对企业的风险进行有效的防范。经营风险分析已经成为现代企业管理的一个重要研究课题。

一、企业风险管理及其研究意义

（一）企业风险管理的研究内容

1. 信息风险

市场的瞬息万变、消费者的需求变化、商品供求关系的变动、竞争对策的变换等综合地反映为商情变换，企业家必须准确、及时、灵敏地掌握商情信息，信息失误会给企业带来损失或使企业处于竞争劣势。

2. 产品风险

企业家在生产经营决策中，如果在产品的品种、质量、包装、结构以及生产经营的程序、技术、布局、规模等方面与市场需求脱节，就会使企业产品缺乏竞争力，造成产品积压，蒙受损失。

3. 价格风险

如果受国家政策性价格调整、市场供求关系变动引起价格涨跌、竞争对手间的价格战、相关产品或替代产品的价格波动等外部因素影响，价格制定偏高，就会使企业产品销售困难，造成价格决策失误。

4. 商誉风险

企业商誉是指社会公众对企业的整体印象和信誉评价。企业家在组织企业生产经营活动中，某种环节失误或处理不当，如产品售后服务、商品合同恪守、广告宣传、公关活动等方面的疏忽或过失，都可能损害企业商誉，造成企业难以估计的机遇损失。

5. 财务风险

企业家在筹资、融资和投资的财务决策中，由于资金市场的变化，利率、汇率的调整变动，债务发行费用、股票市场的波动、投资单位经营状况等诸多因素的影响，使企业财务费用增加，就会出现投资收益减少，财务紧张。

6. 资产风险

资产风险是指企业在生产经营活动中，遭受意外事故、人为失职或破坏造成企业资产损失。意外事故是指地震、水灾等不可抗力自然灾害给企业造成的资产损失。人为失职是指由于玩忽职守造成火灾、交通事故等不应有的财产损失。人为破坏是指采取不正当竞争手段如窃取商业秘密、诋毁商誉、假冒商标制售伪劣产品而造成的破坏性损失。

7. 人才风险

人才风险是指企业生产经营的骨干人才跳槽、下海带走本企业业务关系和经营机密，或不辞而别使企业正常生产经营活动难以为继而造成巨大损失。

（二）企业风险的特点

企业风险的特点有实发性、威胁性、紧迫性、公开性。

正是上述特点，使风险情境的认识与处理显得十分重要。正确认识和及时处理风险，不仅可以化解风险，而且可以利用其中的潜在机遇；反之，则会削弱企业竞争力，损害企业的利益。目前，发达国家者很重视风险管理。据统计，美国各公司雇用了约3000名专业的风险管理人员，美国、加拿大还有50

家独立的风险管理咨询公司，他们专门进行风险管理咨询工作。不仅如此，风险管理的教育也得到了重视和发展，现在美国各大学的管理学院、商学院普遍讲授风险管理课程，并把风险管理贯穿于各门经济类课程中。相比之下，我国的风险管理无论在理论研究上还是在企业实践中，都显得十分薄弱，因此，加强企业风险管理对我国企业健康发展极为重要和迫切。

二、企业风险管理的理论与方法

所谓风险管理，是指企业为应付各种风险情境所进行的规划决策、动态调整、化解处理及员工训练等活动过程，其目的在于消除或降低风险所带来的威胁和损失，因势利导，把坏事变好事。根据风险的发展过程，风险管理可分为两部分，即风险来临前的预测防范管理和风险来临后的应急善后管理。

（一）风险来临前的预测防范管理

预测防范管理过程主要包括三个重要环节。

1. 居安思危，分析预测可能发生的风险情境

首先需要进行广泛的情报收集工作，然后对已收集的情报进行详细的分析和评估，并将结果迅速上报或分送有关决策者。

2. 超前决策，精心策划一项全面的风险防范计划

良好的风险防范管理不仅能够预测可能发生的风险情境，而且要为可能发生的风险做好准备，拟订计划，从而自如应对。制订全面的风险防范计划主要包括：针对引发企业经营风险的可能性因素制订各种风险预案，组建风险管理小组，以便在短时间内集中处理风险；培训专业人员，进行"模拟风险"演习。

3. 采取灵活多样的避险经营策略

（1）多元化经营策略

改变单一品种行业经营方式，实行多元化，以分散市场风险。

（2）联合经营策略

生产与销售企业、产地与销地企业联合经营，实行农工商、产供销、内外贸一体化，风险共担，改变独家承担经营风险的局面。

（3）市场多域化策略

扩大产品销售辐射面，避免某一市场变化而出现危机造成企业的损失。

（4）多渠道经营策略

防止单一渠道受阻后产生购进或销售流通不畅。

（5）研制产品开发市场策略

运用新技术、新材料，使产品不断升级换代，预防原产品被淘汰而断档的经营风险。

（二）风险来临后的应急善后管理

1. 企业风险应急善后管理的一般规则

企业要有效地进行风险管理，就必须研究和提示风险管理的一般规则。尽管企业危机多种多样，似乎杂乱无章，但就总体而言，仍然可以发现一些一般规则，这些规则包括：将公众利益置于首位，以企业长远发展为风险管理的出发点迅速成立风险控制中心，加强与公众沟通，争取公众谅解和支持是风险管理的基本对策；总结经验教训，改善企业体系是风险管理的重要内容。

2. 企业风险应急善后管理的主要策略方法

（1）经营风险中止策略

企业要根据风险发展的趋势，审时度势，主动中止承担某种风险损失。例如，关闭亏损工厂、部门，停止生产滞销产品等。

（2）风险隔离策略

由于风险发生具有连带效应，一种风险处理不当，往往会引发另一种风险。因此，在某一风险发生之后，企业应迅速采取措施，切断这一风险对企业其他经营方面的联系，及时将爆发的危机予以隔离，以防扩散。

（3）风险利用策略

在综合考虑风险的危害程度后，会得到有利于企业的结果。例如，在市场疲软的情况下，有些企业不是忙着推销、降价，而是眼睛向内，利用风险造成的危机感，发动职工提出合理化建议，进行技术革新，降低生产成本，开发新产品。

（4）风险排除策略

采取措施，消除危机。排除风险的措施按其性质划分，有工程物理法和员工行为法。工程物理法是指以物质措施排除风险，如通过投资建新工厂和购置新设备改变生产经营方向，提高生产效益。员工行动法是指通过企业文化、行为规范来提高士气，激发员工创造性。

（5）风险分担策略

将风险承受主体由企业单一承担变为由多个主体共同承担。例如，采用合资经营、合作经营、发行股票等办法，由合作者、股东来分担企业风险。

（6）避强就弱策略

由于风险损害程度强弱有别，在风险一时不能根除的情况下，要选择风险损害小的策略。上述风险处理策略，其内容和作用不尽相同，企业风险管理人员应从实际出发，择优选用，其标准应是以最少的费用，获得最好的风险管理效果。

案例：烟草公司的生存环境

烟草公司的经理一定感觉自己就像弹球机里的小金属球，永远不知道下一次会被谁击到何处。美国烟草行业在遭受着来自各方面的打击。例如，许多行业都在禁止吸烟。打击也有来自州政府的，很多州都增加了香烟税，用来支付各种项目的费用。在新泽西州，允许城镇取消售烟机，甚至联邦政府也给这个行业施加了限制，比尔·克林顿总统签署了一项禁止在学校吸烟的法令，职业健康和安全管理局正在考虑是否在全国范围内禁止在工作场所吸烟，食品和药物管理局正在考虑增加关于烟草管理的法规。还有，在未来全国卫生保健计划的争论中，很多支持者正在观察这个计划从烟草税中得到基金的可能性。华盛顿地区是烟草行业重点游说的地区。说客公布了烟草行业对竞选运动和慈善事业的贡献。某些烟草公司对妇女和少数族裔运动曾给予支持，有的公司向政党捐款，其他公司对一些关键委员会的重要事件也进行了捐款。这些说客非常小心谨慎地保持他们的活动的合法性。然而，这些说客的活动无疑会影响关于烟草的法规和税收政策的制定以及对烟草行业不利的法规、税收制度和其他法律的重要的投票。烟草行业还存在另一方，即各个烟草农场主，因为税收政策、禁烟法令和规定所受到的影响和拥有数十亿美元资产的烟草公司一样严重，这些烟草种植者有理由关心他们的生计和未来。

烟草行业是如何易受攻击的呢？例如，如果宣布香烟和其他烟草产品非法或加紧管制，政府（地方和联邦政府）的税收可能会怎样？这些失去的税收能在哪里弥补？政府会热衷于烟草税的收入吗？这是一个不容易回答的问题。但是烟草行业，从庞大的公司实体到小的个体烟草种植者，无论何时都不会免于环境所施加的诸多限制。

第四章　经营战略及其选择

第一节　经营战略及其特点

一、经营战略的含义

"战略"一词来源于希腊语 strategos，其含义是"将军"。当时，这个词的意义是指挥军队的艺术和科学。今天，在经营中运用这个词，是用来描述一个组织打算如何实现它的目标和使命。大多数组织为实现自己的目标和使命可以有若干种选择，战略就与决定选用何种方案有关。战略包括对实现组织目标和使命的各种方案的拟订和评价，以及最终选定将要实行的方案。企业要在复杂多变的环境中求得生存和发展，必须对自己的行为进行通盘谋划。

现代经营战略理论开始于安瑟夫，他将决策理论发展到了战略决策理论的阶段，并提出了企业成长向量的概念。此时，美国波士顿咨询公司（BCG）从与管理学者不同的角度，提出了经验曲线的新概念。20世纪60年代，有些管理学家和咨询人员指出，赢得企业竞争胜利要看综合成本，而不能仅看制造成本，要快速降低综合成本，就必须尽可能地增加产量，提高市场占有率。波士顿咨询公司以此为基础，开发了被称为产品资源配置（PPM）的战略计划技术，即对某一产品或事业领域的投资决策由市场成长率与市场占有率的综合评价来决定。

波特是经营战略论方面最知名的学者之一。他开创了解决企业如何维持竞争优势问题的竞争战略理论框架。他将 PPM 模型中的市场成长率换成产业吸引力，将市场占有率换成产业中本公司的地位，并且认为企业制定战略时必须对这两个要素进行选择。波特提出了所谓"五种力模型"来帮助人们理解某个产业的结构与变化。这五种力就是决定市场竞争状态的力,包括进入壁垒、买方交涉力、供应商交涉力、替代品威胁和既成竞争对手五个方面。

根据人们对经营战略的认识,笔者把经营战略定义为:经营战略是企业面对竞争激烈的市场环境,为求得长期生存和不断发展而进行的总体性谋划。它是企业战略思想的集中体现,是企业经营范围的科学规定,同时又是制订规划(计划)的基础。更具体地说,经营战略是在符合和保证实现企业使命条件下,在充分利用环境中存在的各种机会和创造新机会的基础上,确定企业同环境的关系,规定企业从事的事业范围、成长方向和竞争对策,合理地调整企业结构和分配企业的全部资源。从其制定要求看,经营战略就是用机会和威胁评价现在和未来的环境,用优势和劣势评价企业现状,进而选择和确定企业的总体、长远目标,制订和抉择实现目标的行动方案。

二、经营战略的作用

经营战略直接关系着企业的生死存亡。经营战略是企业为求得长期的生存和发展,在充分分析企业外部环境和内部条件的基础上,以正确的经营思想为指导,依据企业经营目标,对企业较长时期全局的发展做出纲要性、方向性的决策和谋划。经营战略的制定是一个相当复杂的过程,它既是动态的、连续的过程,也是探索和创新的过程,需要决策者积极探索,大胆创新,在进行充分的理性分析基础上,判定出符合本企业实际情况的战略。

企业管理的重心在经营,经营的重心在决策。经营战略决策关系到企业发展前途,决定企业发展方向,直至决定企业的成败。决策失误,全盘皆输。因此,企业必须慎之又慎,经过严格而科学的论证,才能付诸实施。具体地说,在企业起步之初就要对市场进行准确定位,当企业有了一定积累以后是向专业化方向发展,还是向多元化发展,企业究竟是纵向发展,还是横向扩张,就必须考虑企业的核心竞争力。只有牢牢把握自身优势,扬长避短,才能在"危机四伏"的商战中立于不败之地。毫无疑问,企业经营的成功与辉煌无不与其牢牢把握自身优势,通过稳步实施同心多样化的正确经营决策有密切关系。具体来讲,经营战略对企业生存发展的重要性体现在:①通过制定经营战略,对企业外部环境和内部条件的调查分析，明确企业在市场竞争中所处的地位，对于企业增强自身经营实力有了明确的方向。②企业有了经营战略，就有了经营发展的总纲，发挥企业的整体效益，有利于调动职工群众的积极性。③便于国家和有关部门对企业进行指导，有利于宏观经济和微观经济的有机结合和协调发展。④有利于全面推进企业管理现代化。

三、经营战略的类型

经营战略是企业总体战略的具体化，其目的是使企业的经营结构、资源和经营目标等要素在可以接受的风险限度内与市场环境所提供的各种机会取得动态的平衡，实现经营目标。

人们按照不同的标准对企业的经营战略进行了不同的分类。经营战略有多种分类，为企业选择经营战略提供了广阔途径。

（一）按照战略的目的性，经营战略可分为成长战略和竞争战略

成长战略是指企业为了适应企业外部环境的变化，有效地利用企业的资源，研究企业为了实现成长目标如何选择经营领域的战略。成长战略的重点是产品和市场战略，即选择具体的产品和市场领域，规定产品和市场的开拓方向与幅度。竞争战略是企业在特定的产品与市场范围内，为了取得差别优势，维持和扩大市场占有率所采取的战略。竞争战略的重点是提高市场占有率和销售利润率。企业经营战略归根结底是竞争战略。从企业的一般竞争角度看，竞争战略大致有三种可供选择的战略：低成本战略、产品差异战略和集中重点战略。

（二）按照战略的领域，经营战略可分为产品战略、市场战略和投资战略

产品战略主要包括产品的扩展战略、维持战略、收缩战略、更新换代战略、多样化战略、产品组合战略等。市场战略主要有市场渗透战略、市场开拓战略、新产品市场战略、混合市场战略、产品寿命周期战略、市场细分战略和市场营销组合战略等。投资战略是一种资源分配战略，主要包括产品投资战略、市场投资战略、技术发展投资战略、规模化投资战略和企业联合与兼并战略等。

（三）按照战略对市场环境变化的适应程度，经营战略可分为进攻战略、防守战略和撤退战略

进攻战略可分为技术开发战略、产品发展战略、市场拓展战略、生产拓展战略。进攻战略的特点是企业不断地开发新产品和新市场，力图掌握市场竞争的主动权，不断地提高市场占有率。进攻战略的着眼点是技术、产品、质量、市场和规模。防守战略又称维持战略，其特点是以守为攻，后发制人。所采取的战略是避实就虚，不与对手正面竞争；在技术上实行拿来主义，以购买专利为主；在产品开发上实行紧跟主义，后发制人；在生产方面着眼于提高效率，降低成本。撤退战略是一种收缩战略，目的是积蓄优势力量，以保证重点进攻方向取得胜利。

（四）按照战略的层次性，经营战略可分为公司战略、事业部战略和职能战略

公司战略是企业最高层次的战略，其侧重点是确定企业经营的范围和在企业内部各项事业间进行资源分配。事业部战略是企业在分散经营的条件下，各事业部根据企业战略赋予的任务而确定的。职能战略是各职能部门根据各自的性质、职能制定的部门战略，其目的在于保证企业战略的实现。

四、经营战略的特点

（一）目的性和纲领性

企业战略规定的是企业总体的长远目标、发展方向和重点、前进道路以及所采取的基本行动方针、重大措施和基本步骤，都是原则性的、概括性的规定，具有行动纲领的意义。战略的制定与实施必须服务于一个明确的目的，它通过展开、分解和落实等过程变为具体的行动计划，从而引导企业在变化着的竞争环境里生存和发展。

（二）全局性和系统性

企业的经营战略是以企业的全局为对象，根据企业总体发展的需要而制定的。它所规定的是企业的总体行动，它所追求的是企业的总体效果。虽然它必然包括企业的局部活动，但是，这些局部活动是作为总体行动的有机组成部分在战略中出现的。这就使经营战略具有综合性和系统性。企业战略是指导企业全局的对策与谋划，其本身就是一个系统，也应该是分层次的。

（三）长远性和长期性

战略不是着眼于解决企业眼前遇到的困难，而是迎接未来的挑战。它是在环境分析和科学预测的基础上，展望未来，为企业谋求长期发展的目标与对策。凡是为适应环境条件的变化所确定的长期基本不变的行动目标和实现目标的行动方案都是战略。而那种针对当前形势灵活地适应短期变化、解决局部问题的方法都是战术。企业的经营战略既是企业谋取长远发展要求的反映，又是企业对未来较长时期（五年以上）内如何生存和发展的通盘筹划。虽然它的制定要以企业外部环境和内部条件的当前情况为出发点，并且对企业当前的生产经营活动有指导、限制作用，但是，这一切都是为了更长远的发展，是长远发展的起步。

（四）对策性和对抗性

这里有两种含义：一是面对环境变化的挑战，设计走向未来的对策；二是根据同行业竞争者的战略设计企业的战略以保持企业的竞争优势，从而使战略具有对抗性。企业经营战略是关于企业在激烈的竞争中如何与竞争对手抗衡的行动方案，同时也是迎接来自各方面的冲击、压力、威胁和困难的行动方案。它与那些不考虑竞争、挑战而单纯为了改善企业现状、增加经济效益、提高管理水平等为目的的行动方案不同。只有当这些工作与强化企业竞争力量和迎接挑战直接相关、具有战略意义时，才能构成经营战略的内容。应当明确，市场如战场，现代市场总是与激烈的竞争密切相关。经营战略之所以产生和发展，就是因为企业面临着激烈的竞争、严峻的挑战，企业制定经营战略就是为了取得优势地位，战胜对手，保证自己的生存和发展。

（五）相对稳定性

由于经营战略规定了企业的发展目标，具有长远性，只要战略实施的环境未发生重大变化，即使有些变化，也是预料之中的，那么企业经营战略中所确定的战略目标、战略方针、战略重点、战略步骤等应保持相对稳定，不应该朝令夕改。但在处理具体问题、不影响全局的情况下，也应该有一定的灵活性。

经营战略的上述特性决定了经营战略与其他决策方式、计划形式的区别。根据上述经营战略的特性，我们可以说，经营战略是企业对具有长远性、全局性、竞争性和纲领性的经营方案的谋划。

经营战略的上述四种特性决定了经营战略决策的特点：①决策的对象是复杂的，很难把握它的结构，并且毫无先例，对其处理也没有经验可循。②面对的问题常常是突发性的、难以预料的。所依靠的是来自外部的关于未来如何变化的零星情报。③决策的性质直接涉及企业的前途。进行这种决策不仅要有长时间的准备，而且其效果所持续的时间也长，风险也大。④评价困难，难以标准化。

第二节　经营战略决策的步骤

一、经营战略决策的基础

经营理念是制定经营战略的基础。经营理念或称企业理念，是指企业的基本信念、价值观、抱负和哲学选择，是企业的行为准则，企业可以据此对自己的行为进行自我控制和自我约束。它反映了战略决策者的经营意识和价值观念，企业领导者的战略思想是在一系列战略观念和经营理念的基础上形成的，没有战略观念的指导，战略思想就难于形成。战略观念包括系统的观念、长远的观念、创新的观念、超前的观念、风险的观念和应变的观念等。企业领导者只有在这些战略观念和理念的指导下，才能正确地分析所处的内外环境，较好地处理企业所面临的问题，才能在动荡不安的经营环境中寻找企业生存和发展的机会，从而为企业制定正确的战略。企业决策者应从三个方面重塑和创新经营观念。

创新观：未来竞争是不断创造与把握新出现的商机的竞争，亦即重划新的竞争空间的竞争。

竞争观：企业不仅要在现有产业范围内竞争，还要在塑造未来产业构架方面竞争。

开拓观：扩充可利用资源的范围，并不断优化组合。创造性地不懈追求如何更好地利用各种资源去克服资源限制的困难，形成自己的拳头产品。

市场经济条件下企业之间的竞争，从表面上看是市场份额的竞争，是人、财、物以及信息等资源的竞争，但实质上是理念、产品、资本、管理和营销五种要素的竞争。其中，理念是战略基础，产品是竞争的武器，资本是竞争的能量，管理是竞争的体制，营销是竞争的手段。五个要素相互关联，缺一不可，忽略五要素中的任何一个，企业都将不可避免地走向失败。

二、经营战略决策的步骤

（一）全面分析经营战略构成要素

1.产品与经营领域

明确现有的产品与市场范围以及未来有可能发展的产品与市场范围。它是指企业使命属于什么特定的行业和寻求新机会的领域。

2.企业的成长方向

它是指企业从现有产品与市场组合向未来产品与市场组合转移的方向。

3.竞争优势

它是指企业应选择具有优势的产品与市场领域，如技术水准优势、品牌优势等。

4.协同作用

它是指企业若干因素互助的有效组合，可以产生更大的效果，如销售的协同效应（共用销售渠道）、管理的协同效应等。

（二）经营战略决策制定步骤

1.战略思想的形成过程

战略思想是企业制定和实施经营战略的指导思想，它是经营战略的灵魂。树立正确的战略思想，是企业制定经营战略的首要条件。战略思想是战略思维的结果，它是决策者头脑中一种深层次的分析、判断、思考和探索的过程。纵观改革开放以来企业界成功人士，如海尔集团创始人张瑞敏、长虹电器董事长倪润峰等，他们之所以能够脱颖而出，能在较短时间内把企业做强做大，关键就在于他们有较强的战略观念和战略思维能力，有明确的战略思想。

2.对战略环境的分析过程

在战略思想确立之后，应对战略环境进行认真分析、研究和预测，这是企业制定经营战略的前提和依据。企业的战略环境由外部环境和内部环境构成。企业的外部环境包括两个方面：一方面是宏观环境，如国际政治及经济形势变化，国家有关政策出台与调整等；另一方面是行业环境，包括行业结构、行业现状与发展前景、行业动态等。以上两个外部因素是企业不可控制因素，我们分析外部环境的目的就是弄清在外部环境发展变化中存在哪些企业成功的机会和制约因素，以便抓住机会、避开威胁、寻求机遇，使企业更好地生存和发展下去。在分析外部环境的同时，对企业自身的经营实力和竞争优势与劣势要充分了解，知己知彼，扬长避短，以优势取胜。

3. 战略决策过程

在进行了充分、全面、详尽的战略研究分析的基础上，才能进入企业经营战略的制定这一重要环节，战略决策的制定一般由企业的高层管理者亲自参加并承担责任。其主要内容包括：①确立企业使命；②规定战略目标；③选择战略方案；④规划战略行动。

企业使命指明了企业的经营领域、业务范围和服务对象，使企业能够集中精力，沿着正确的方向从事生产经营活动。

战略目标规定了企业在经营上应当达到的经营成果和水平，是指导企业各项工作的准绳，也是衡量企业的经营成就的标准。

战略方案是完成企业使命，实现战略目标的途径。

规划战略行动是对战略方案的具体化过程，根据战略目标和战略方案的要求，制订具体行动计划，把战略目标等分解为企业内部各部门、各单位的目标，使人人都明确自己在战略实施中应承担的任务、应履行的职责等，以确保战略的顺利实施。

三、战略的实施与调整

经营战略方案确定后，必须通过具体化实施才能转化为实际行动，达成战略目标。在实施过程中，由于内外环境的变化和制定过程中的判断失误，需要在总体战略稳定的基础上，随时对战略方案进行修正和完善，从而更好地指导企业走向成功。

第三节　经营战略决策的方法

一、经营战略选择的影响因素

合理的经营战略选择是管理者提高管理水平必须行使的重要职能。但是，合理决策经常受到诸多因素的影响，以下几方面因素应该引起决策者的注意。

（一）环境层面

环境是经营战略方案产生的载体，也是经营战略方案得以实现的保障。关键是取决于管理者能否全面有效地把握和利用有关的环境信息，能否根据环境信息的各种不同情况做出相关的反应。所以，管理者在行使决策职能时，首先应该对组织的所有环境条件进行详尽的调查和分析，然后合理确定组织在未来活动中的起点和预期目标，使组织决策保持良好的连续性和发展性。

（二）决策者层面

决策者是影响经营战略选择过程的关键因素。决策者对经营战略决策的影响主要是通过决策者的知识、心理、观念、能力等各种因素对决策产生作用。也就是说，决策的过程就是对决策者的一种全面检验。

决策者在做决策时，无论是确定目的还是选择手段，都要对各种目的和手段进行比较。为了全面决策，还需要全面预测，而全面预测要求收集全面的情报和掌握全面的知识。在决策时，决策者还需要调动心理因素，克服各种心理障碍。此外，决策者还必须具备承担决策风险的心理承受能力，因为任何决策都在不同程度上带有一定的风险，组织及其决策者对待风险的不同态度会影响决策方案的选择。愿意承担风险的决策者，通常会在被迫对环境做出反应之前就采取进攻性的行动，并经常进行新的探索；而不愿意承担风险的决策者，通常只对环境做出被动的反应，并习惯于过去的限制，按过去的规则策划将来的活动。对于决策者，行使决策职能经常会受到自身知识条件、心理条件和其他一些能力条件的制约，所以，管理者在做决策的过程中，尤其要注意提升自身的知识水平和心理素质。

（三）组织层面

经营战略的决策会受到组织的影响和制约。因为任何决策在某种程度上都是对过去的否定，任何决策的实施都会给组织带来某种程度的变化。组织成员对这种可能产生的变化会持有抵御或欢迎两种截然不同的态度，这种不同的态度会直接影响组织的决策。

组织对决策的影响主要是通过组织的文化来制约组织及其成员的行为和行为方式，并通过组织文化来影响人们改变态度而发生作用的。如果在偏向保守、怀旧的组织中,人们总是根据过去的标准来判断现在的决策,总是担心在变化中会失去什么,从而对将要发生的变化产生怀疑抵御的心理与行为;而在具有开拓和创新气氛的组织中,人们总是以发展的眼光来分析决策的合理性,总是希望在可能产生的变化中得到什么,因此渴望变化、欢迎变化、支持变化。由此可见,欢迎变化的组织文化有利于新决策的实施,而抵御变化的组织文化则可能给新决策带来种种阻抗。所以,建立一种有利于变化与发展的组织文化是有效实施新决策的重要内容。

(四)时间层面

时间本身就是经营战略选择的重要组成部分,同时又是限制决策的重要因素。美国学者威廉·金和大卫·克里兰把决策分为知识敏感决策和时间敏感决策。所谓知识敏感决策,着重于未来,而不是现在;着重于机会的运用,而不是避开威胁。所以决策时,在时间上相对宽裕,并不一定要求在某一日期以前完成。所谓时间敏感决策,是指那些必须迅速尽量准确的决策,这种决策对速度的要求超过对质量的要求。相对知识敏感决策,时间敏感决策对时间的要求比较严格,这类决策的执行效果主要取决于速度,所以,管理者应该充分认识时间对决策的影响作用,并充分利用有限的时间做出正确的决策。

二、经营战略决策的过程

经营战略决策是一个过程,其主要表现在决策的制定是一个完整的过程。经营战略决策的有效性取决于决策制定过程的完整性。决策制定的过程主要由以下四个阶段构成。

(一)情报活动阶段

这一阶段主要是通过调查研究,分析环境条件和寻求决策的条件,收集有关决策的资料与信息,为决策提供充足的信息依据。

(二)设计活动阶段

这一阶段主要是创造、分析和制订可能采取的行动方案,而且形成的方案不只是一套,应该是数套行动方案。

(三)抉择活动阶段

这一阶段主要是从设计活动阶段形成的多套行动方案中,通过比较、分析，最后选择可资利用的一套方案。

（四）审查活动阶段

这一阶段主要是对过去的抉择进行评价，对已经选出的行动方案进行最终审核。这一活动阶段，还可邀请有关领导与专家参加，由他们从专业的角度对行动方案进行审定，以此确保决策的先进性与合理性。

由此可见，经营战略决策制定的过程是以"找出制定决策的依据、找到可能的行动方案、在诸多的行动方案中进行抉择、对已进行的抉择进行评价"这四个阶段进行的。这四个阶段在操作时各自所占的分量与时间也是不同的。一般来说，决策者应该将大部分时间用来进行调查和分析形势，用较大部分的时间进行创造、分析和制订可行的行动方案，用较少的时间选择方案，用适量的时间进行评价。实际上，这些阶段在具体的操作过程中，经常是相互交织在一起的，各个阶段的运行次序也会根据情况的不同而发生变化。

三、经营战略决策方法：波士顿矩阵评价法

（一）波士顿矩阵法的内容

波士顿矩阵法是美国波士顿咨询公司（BCG）提出的一种产品结构分析的方法。这种方法是把企业生产经营的全部产品或业务的组合作为一个整体进行分析，常常用来分析企业相关经营业务之间现金流量的平衡问题。通过这种方法，企业可以找到企业资源的产生单位和这些资源的最佳使用单位。一般来说，企业都会有一项或几项经营业务，如何对这些业务进行投资组合分析是企业管理者在制定战略时要重点考虑的问题。笔者介绍如何利用这一矩阵进行分析。

1. 高增长、低竞争地位的"问题"型业务

这类业务通常处于最差的现金流状态。一方面，所在行业市场增长率极高，企业需要大量的投资支持其生产经营活动；另一方面，该业务市场份额较低，能够生成的资金较少。因此，企业对于"问题"型业务的投资需要进一步分析，判断使其转移到"明星"型业务所需要的投资量，分析其未来是否盈利，研究是否值得投资的问题。这类业务往往是一个公司的新业务，为发展问题业务，公司必须建立工厂，增加设备和人员，以便跟上市场发展的步伐，并

超过竞争对手，这些意味着大量的资金投入。"问题"型业务非常贴切地描述了公司对待这类业务的态度，因为这时公司必须慎重回答"是否继续投资发展该业务"这个问题。只有那些符合企业发展长远目标、企业具有资源优势、能够增强企业核心竞争力的业务才能得到肯定的回答。

2. 高增长、强竞争地位的"明星"型业务

这类业务处于迅速增长的市场，具有很大的市场份额。在企业的全部业务中，"明星"型业务在增长和盈利上有极好的长期机会，但它们是企业资源的主要消费者，需要大量的投资。为了保护或扩展"明星"型业务在增长的市场中占据主导地位，企业应在短期内优先供给它们所需要的资源，支持他们继续发展。"明星"型业务是由问题业务继续投资发展起来的，可以视为高速成长市场中的领导者，它将成为公司未来的"现金牛"型业务。但这并不意味着"明星"型业务一定可以给企业带来巨大利润，因为市场还在高速成长，企业必须继续投资，以保持与市场同步增长，并击退竞争对手。企业没有"明星"型业务，就失去了希望，但如果没有识别"行星"和"恒星"的能力，将企业有限的资源投入在能够发展成为"现金牛"的"恒星"上，就会导致做出错误的决策。

3. 低增长、强竞争地位的"现金牛"型业务

这类业务处于成熟的低增长市场中，市场地位有利，盈利率很高，本身不需要投资，反而能为企业提供大量资金，用以支持其他业务的发展。"现金牛"型业务是成熟市场中的领导者，它是企业现金的来源。由于市场已经成熟，企业不必大量投资来扩展市场规模，同时作为市场中的领导者，该业务享有规模经济和高边际利润的优势，因而给企业带来大量财源。企业往往用"现金牛"型业务来支付账款并支持其他三种需大量现金的业务。因为如果市场环境变化导致这项业务的市场份额下降，公司就不得不从其他业务单位中抽回现金来维持"现金牛"型的领导地位，否则，这个强壮的"现金牛"就会变弱，甚至成为"瘦狗"。

4. 低增长、弱竞争地位的"瘦狗"型业务

这类业务处于饱和的市场当中，竞争激烈，可获利润极小，不能成为企业主要资金的来源。如果这类业务还能自我维持，则应缩小经营范围，加强内部管理。如果这类业务已彻底失败，企业应当及时采取措施，清理业务或退出经营领域。一般情况下，"瘦狗"型业务常常是微利甚至是亏损的。"瘦狗"型业

务存在主要缘于感情因素，虽然一直微利经营，但像人对养了多年的狗一样不忍放弃。其实，"瘦狗"型业务通常占用很多资源，如资金、管理部门的时间等，多数时候是得不偿失的。

（二）波士顿矩阵法的作用

波士顿矩阵法分析的目的在于帮助企业确定自己的总体战略。在总体战略的选择上，波士顿矩阵有重要的贡献。

该矩阵指出了每个经营业务在竞争中的市场地位，使企业了解了它的作用或任务，从而有选择和集中地运用企业优先的资金。例如，企业要把"现金牛"型业务作为重要的资金来源，并放在优先的位置上，可以考虑把资金集中在未来有希望的"明星"型业务、"问题"型业务上，并根据情况，有选择地抛弃"瘦狗"型业务和无希望的"问题"型业务。如果企业对经营的业务不加区分，采取"一刀切"的方法，规定同样的目标，按相同的比例分配资金，配备相同数量的机器和人员等，结果往往是对"现金牛"型业务和"瘦狗"型业务投入了太多的资金，而对"明星"型业务和"问题"型业务投资不足。这样的企业难以获得长期发展。

波士顿矩阵将企业不同经营领域内的业务综合到一个矩阵中，具有简单明了的效果。在其他战略没有发生变化的前提下企业可以通过波士顿矩阵判断各经营业务的机会和威胁、优势和劣势，判断当前的主要战略问题和企业未来的竞争地位。比较理想的投资组合是企业有较多的"明星"型业务和"现金牛"型业务、少数的"问题"型业务和极少的"瘦狗"型业务。

波士顿矩阵法可以帮助我们分析一个公司的投资业务组合是否合理。如果一个公司没有"现金牛"型业务，说明它当前的发展中缺乏现金来源；如果没有"明星"型业务，说明在未来的发展中希望渺茫。一个公司的业务投资组合必须是合理的，否则及时予以调整。在明确了各项业务单位在公司中的不同地位后，就需要进一步明确其战略目标。

通常有四种战略目标分别适用于不同的业务。

发展战略：继续大量投资，目的是扩大战略业务单位的市场份额。它主要针对有发展前途的"问题"型业务和"明星"业务中的"恒星"业务。

维持战略：投资维持现状，目标是保持业务单位现有的市场份额。它主要针对强大稳定的"现金牛"型业务。

收获战略：它实质上是一种榨取，目标是在短期内获得最大限度的现金收入。它主要针对处境不佳的"现金牛"型业务及没有发展前途的"问题"型业务和"瘦狗"型业务。

放弃战略：目标在于出售和清理某些业务，将资源转移到更有利的领域。这种目标适用于无利可图的"瘦狗"型业务和"问题"型业务。

（三）波士顿矩阵法的局限性

波士顿矩阵作为一种分析方法也有它的局限性，表现为：①在实践中，企业要确定各业务的市场增长率和相对市场份额是困难的。有时，数据会与现实不符。②波士顿矩阵按照市场增长率和相对市场份额把企业的市场业务分为四种类型，相对来说有些过于简单。实际上，市场中还存在很难确切归入某个象限的业务。③波士顿矩阵中市场地位和获利之间的关系会因行业和细分市场的不同而发生变化。在有些行业里，企业的市场份额大，会在单位成本上形成优势；而有些行业则不然，过于庞大的市场份额会导致企业成本的增加。实际上，市场占有率小的企业，如果采用创新和产品差异化的策略，仍然能获得很高的利润。④企业要对自己一系列的经营业务进行战略评价，仅仅依靠市场增长率和相对市场份额是不够的，还需要行业的技术等其他指标。

四、迈克尔·波特的竞争战略理论

（一）五力模型

迈克尔·波特认为行业或企业外部存在五种竞争力，包括新加入者的威胁、客户的议价能力、替代品或服务的威胁、供货商的议价能力及既有竞争者。这五种竞争力能够决定产业的获利能力，它们会影响产品的价格、成本与必要的投资，也决定了产业结构。企业如果想拥有长期的获利能力，就必须先了解所处的产业结构，并塑造对企业有利的产业结构。决定企业获利能力的首要因素是"产业吸引力"。企业在拟定竞争战略时，必须深入了解决定产业吸引力的竞争法则。

（二）三大一般性战略

竞争战略的第二个中心问题是企业在产业中的相对位置。竞争位置会决定企业的获利能力是高出还是低于产业的平均水平。即使在产业结构不佳、平均获利水平差的产业中，竞争位置较好的企业仍能获得较高的投资回报。

每个企业都会有许多优点或缺点，任何优点或缺点都会对相对成本优势和相对差异化产生作用。成本优势和差异化都是企业比竞争对手更擅长运用五种竞争力的结果。它将这两种基本的竞争优势与企业相应的活动相结合，就可导出让企业获得较好竞争位置的三种一般性战略：总成本领先战略、差异化战略及专一化战略。

竞争优势是所有战略的核心，企业要获得竞争优势就必须做出选择，希望在哪个范畴取得优势。全面出击的想法既无战略特色，也会导致低于水准的表现，它意味着企业毫无竞争优势可言。

（三）价值链

竞争优势源自企业内部的产品设计、生产、营销、销售、运输、支援等多项独立的活动。这些活动对企业的相对成本地位都有贡献，同时也是构成差异化的基础。因此，分析竞争优势的来源时，必须有一套系统化的方法，来检视企业内部的所有活动及活动间的相互关系。

价值链就是一套分析优势来源的基本工具。它可将企业的各种活动以价值传递的方式分解开来，借以了解企业的成本特性以及现有与潜在的差异化来源。企业的各种活动既是独立的，也是互相联结的。

企业应该根据竞争优势的来源，并透过了解组织结构与价值链、价值链内部的联结以及它与供应商或营销渠道间的联结关系，制定一套适当的协调策略，而根据价值链需要设计的组织结构，有助于形成企业创造并保持竞争优势的能力。

公司的价值链进一步可与上游供应商、下游买主的价值链相连，构成一条产业的价值链。

（四）钻石体系

1. 生产要素

它是指一个国家将基本条件（如天然资源、教育、基础建设）转换成特殊优势的能力，如高度的专业技巧与应用科技的结合。例如，荷兰的花卉业很发达，它并不是因为处于热带而有了首屈一指的花卉业，而是因为它在花卉的培育、包装及运送上具有高度专精的研究机构。

2. 需求状况

它是指本国市场对该项产业所提供或服务的需求数量和成熟度。例如，日本家庭因为地狭人稠，其家电都朝小型、可携带的方向发展。正是因为日本国内市场拥有一群最挑剔的消费者，日本才拥有全球最精致、最高价值的家电产业。

3. 企业的战略、结构和竞争对手

企业的组织方式、管理方式、竞争方式都取决于所在地的环境与历史。若是一个企业所在地鼓励创新，有政策与规则刺激企业朝训练技术、提升能力与固定资产投资的方向去努力，企业就会有竞争力。另外，当地若有很强的竞争对手，也会刺激企业不断地提升与改进。

4. 相关产业和支持产业表现

一个产业想要登峰造极，就必须有世界一流的供货商，并且从相关产业的企业竞争中获益，这些制造商及供货商形成了一个能促进创新的产业"族群"。例如，意大利之所以具有领导世界的金银首饰业，就是因为意大利的机械业已经占领了全球 60% 珠宝生产机械市场，而且意大利回收有价金属的机械也领先全球。

（五）产业集群

区域的竞争力对企业的竞争力有很大的影响，波特通过对 10 个工业化国家的考察发现，产业集群是工业化过程中的普遍现象，在所有发达的经济体中，都可以明显看到各种产业集群。产业集群是指在特定区域中，具有竞争与合作关系，且在地理上集中，有交互关联性的企业、专业化供应商、服务供应商、金融机构、相关产业的厂商及其他相关机构等组成的群体。不同产业集群的纵深程度和复杂性相异。

许多产业集群还包括由于延伸而涉及的销售渠道、顾客、辅助产品制造商、专业化基础设施供应商等，政府及其他提供专业化培训、信息、研究开发、标准制定等的机构，以及同业公会和其他相关的民间团体。因此，产业集群超越了一般产业范围，形成了特定地理范围内多个产业相互融合、众多类型机构相互联结的共生体，从而构成了这一区域有特色的竞争优势。产业集群发展状况已经成为考察一个经济体或其中某个区域和地区发展水平的重要指标。

第四节　经营战略的选择

一、总体战略

企业的总体战略包括发展型战略、稳定型战略、紧缩型战略、撤退型战略和组合型战略等。

（一）发展型战略

发展型战略具有以下几种基本类型。

1. 集中发展型战略

它是集中企业的资源，以快于过去的增长速度来增加现有产品或劳务的销售额、利润额或市场占有率。优点是经营目标集中，容易实现生产专业化和规模经济效益。缺点是当外部环境发生变化时，经营的风险很大。因此，应考虑实施一段时间后向其他类型的发展战略转移。

集中发展型资本经营战略的资本投向是集中的，问题是如何满足资本增长的需要。其战略重点是资本的融通和加快资本的运营速度，选择能够满足发展需要的资金融通方案。

2. 同心多样化发展战略

它是增加同企业现有产品或劳务相类似的新产品或新劳务，是一种很有生机的战略。同心多样化资本经营战略需要制订资本分配的方案，保证资源有效地利用，避免了集中投入单一产品或劳动力的风险，但也增加了资本多方面投向的运作难度和资本短缺的风险。

3. 纵向一体化发展战略

它是指在两个可能的方向上扩大企业现有经营业务的一种战略；同样，横向一体化资本经营战略也是有效的资本战略。这两种一体化战略都可以实现规模经济，但也有各自的风险。纵向一体化价格收益比率显著地低于同心多样化战略的企业；横向一体化要承担庞大的机构臃肿、效率低下的弊病。

4.复合多样化发展战略

它是指增加与组织现有产品或劳务大不相同的新产品或劳务。可以在组织内部或外部产生，更多的是通过对其他组织的合并及合资经营方案而来。

复合多样化的优点是通过向不同产业的渗透和向不同的市场提供服务来分散企业经营的风险。要向具有更优经济特征的行业转移，以提高企业的盈利能力和灵活性、联络后的企业协同效应、税率优势、股份优势等。但一个企业在选择复合多样化时，应采取慎重的态度，不要为多样化而多样化，实践中许多企业在进行多种经营时会面临决策失误、资金短缺、不熟悉业务等风险因素。

复合多样化战略要想获得成功，要注意：第一，明确的组织目标；第二，一个企业至少利用它的三个基本实力（生产能力、特定市场的分销渠道和技术能力）之一；第三，必须正确评价自己实行多样的能力，包括对企业现状及其可用于多样化的资源条件的分析。

（二）稳定型战略

稳定型战略的特点：企业满足于它过去的经济效益水平，决定继续追求与过去相同或相似的目标；每年所期望取得的成就按大体相同的比率增长；企业继续用基本相同的产品或劳务为它的顾客服务。它的战略风险较小，避免开发新产品和新市场所必需的巨大资金投入，容易保持经营规模。但对外部环境应变性能较差。

（三）紧缩型战略

当企业的经营状况、资源条件不能适应外部环境的变化，难以为企业带来满意的收益，以致威胁企业的自下而上和发展时，企业常常采取紧缩型战略。这种战略只是企业在短期内实施的过渡性战略，包括抽资、转向、放弃、清算四种战略。

（四）撤退型战略

战略具有对抗性的特点，制定战略的实质就是要研究如何以弱胜强，以小胜大，后来者居上。但有时企业的发展并不尽如人意，扬长固然必要，同时也要注意避短。当企业进入战略规划的领域但没有得到预想的效益时，就应当快刀斩乱麻，使用撤退型战略。

这时企业战略策划人就应当将撤退型战略应用于实践。企业在前方伸出触角，实行多元化经营战略促使自身快速成长，充分利用企业的生产能力、技术开发能力和销售能力并使企业有较大的回旋余地。但有时也会形成企业只注重正面效益，盲目追求多样化和歧异化，只求"攻城略地"，并不注意巩固已占领的市场，最终导致摊子太大而无力回天，此时的企业就应当果断地退出无利或亏损行业，即撤退型战略的主旨是成功地保证企业主力投入自己的核心优势产业，从无法获利的失误领域或正在全行业衰退的产业中毫发无伤地退出。

除了市场摊子过大，企业撤退的原因还有诸如技术替代、人口变动、需求变动等。

有关此类战略的讨论总是围绕着撤资或收割战略，但实际还有其他一系列行之有效的战略，企业只可采用其中一种或先后采用几种方法。这些战略无论在其力图实现的目标上，还是在投资的含义上都迥然各异。

1. 领导战略

其目标是从某类预撤退产业中获利。这类产业的结构使剩余企业有潜力获取超出平均水平的利润，而且在面对面的竞争者中领导地位是可以实现的。企业的目标是成为产业中仅存的一家或少数几家企业之一。一旦达到这个地位，企业转而执行保持地位或有控制的收割战略。

2. 局部领导战略

这种战略的目标是辨识预撤退产业中某个细分市场（或某种需求），这种细分市场不但将保持稳定需要或缓慢下降，而且拥有结构特色能带来高收益，企业投资建立在这一细分中的地位，采取部分的领导战略是必要的。

3. 收割战略

执行收割战略时，企业力图优化业务的现金流，取消或大幅削减新的投资，减少设备投资，在后续的销售中从业务拥有的任何残留优势上谋取利益，以提高价格或从过去的商誉中获利，甚至广告和研究经费也被削减。收割战略的一个基本特征是：存在某些客户可以感知的行动和某些不可见的行动。没有相对优势的企业极有可能仅限于采用不可见的行动，根据业务的发生性质，不一定能大把获利。

4. 迅速撤资战略

这一战略实施的前提是企业只有在衰退早期出售业务才能使净投资的回收

最大化，而不是实施收割战略之后再出售或采用其他战略。及早出售业务通常能使企业从出售中实现价值最大化，因为出售越早，需求是否随后下降的不确定性越大，资产市场未饱和的可能性越大。另外，早期出售会带来企业对未来的预测被伪证的风险。

如果公司能够预计到撤退的情况，就应在成熟期间采取步骤提高自己，从而大大提高在衰退期的地位。

（五）组合型战略

许多大型企业并不局限于实施单一的战略，而是将战略组合起来，比如一些可能的战略组合是：

1. 同时组合

在增高其他的战略经营单位、产品线或事业部的同时放弃某个战略经营单位、产品线或事业部，在其他领域或产品奉行发展战略的同时，紧缩某些领域或产品；对某些产品实行抽资战略，而对其他产品采用发展战略。

2. 顺序组合

在一定时期内采用发展战略，然后在一定时期内实行稳定战略；先使用转向战略，待条件改善后再采用发展战略。

总之，企业可采用的战略方案是多种多样的，鉴别可用的战略方案则是一个企业选择最适宜战略的前提条件。

二、一般竞争战略

（一）成本领先战略

成本领先战略要求企业必须严格控制成本、管理费用及研发、服务、推销、广告等方面的成本费用。为了达成这些目标，企业需要在管理方面对成本给予高度重视，确保总成本低于竞争对手。

在此战略指导下，企业决心成为所在行业中实行尽量低成本生产的那一类竞争者，因此，企业的经营面往往对其成本优势起举足轻重的作用。成本优势的来源因行业结构不同而异，它包括追求规模经济、专利和专有权技术、原材料的内部购买优惠和其他因素。追求低成本的企业必须寻找和探索成本优势的一切来源。

成本领先战略一般要求一个企业成为独一无二的成本领先者，而不是争夺这个位置的若干厂商企业中的一分子。许多企业未能认识到这一点，在战略上铸成大错。当渴望成为成本领先者的厂商不止一家时，它们之间的竞争通常是十分激烈的，因为每一个百分点的市场份额都是至关重要的。除非出现这种情况：一个企业在成本上能够出现独有性的新优势并说服其他厂商放弃其战略，否则，对盈利能力及企业长期运营体系所带来的结果将是灾难性的。所以，只有重大的技术突破才能使一个企业得以彻底改变其成本地位；除此之外，小成本领先是特别依赖于先发制人策略的一种战略。

成本领先战略的成功取决于企业日复一日地实施该战略的技能。成本自身不会缩小，也不会忽起忽落。企业降低成本能力各有不同，甚至当它们具有相似的规模、相似的产品产量时也表现得不同。要改善成本优势的地位，更需要决策人把握方向，策划战略时更为仔细，更加细分每一项可以开源节流的分战略。

（二）差异化战略

差异化战略是将公司提供的产品或服务差异化，使其在全产业范围内具有独特性。实现差异化战略可以有许多方式，如设计名牌形象、保持技术及性能特点、顾客服务、商业网络及其他方面的独特性等。

这种战略要求企业在全行业范围内形成一些独特的性质或具独特性的产品或服务。应当说明的一点是，差异化战略并不是使公司全然不顾成本，而只是把成本置于稍后的位置。如果企业能成功实现标新立异战略，它将成为行业中的至尊；因为它能建立起对付五种竞争力量的"防御工事"。差异化战略利用客户对品牌的忠诚以及由此产生的价格敏感性下降，使公司避开激烈的竞争。它可以使利润增加而不必付出追求成本领先的代价。产品新异带来较高较广的收益，不仅可以用来对付供应商压力，同时也可减轻下游企业的价格压力，当客户缺乏选择余地时，其价格敏感程度则大大降低。采取此项战略赢得客户忠诚的企业，在面对替代品威胁时其所处地位会比其他竞争者更为有利。

当然，实现产品新异有时会与争取更大的市场份额相矛盾。它要求公司对于这一战略的排他性有各项准备，此战略与市场份额是不可兼得的。因为即使全行业范围内的顾客都了解本公司产品的独特品质，并不意味着全部顾客都愿意出高价买入。

（三）目标集中战略

目标集中战略主攻某个特殊的顾客群、某产品线的一个细分区段或某一地区市场。低成本与差异化战略都是要在全产业范围内实现其目标，专一化战略的前提思想是：公司业务的专一化能够以较高的效率、更好的效果为某一狭窄的战略对象服务，从而超过在较广阔范围内的竞争对手。公司或者通过满足特殊对象的需要而实现差异化，或者在为这一对象服务时实现低成本，或者兼而有之，这样的公司可以使其赢利的潜力超过产业的平均水平。集中战略的整体目标是围绕着某一特定目标范围的全方位服务而建立的。

目标集中战略的前提是：企业能够以更高的效率、更好的效果为某一狭窄领域的战略对象服务，从而超过宽领域内的竞争对手。结果往往是，企业通过较好地满足特定对象的需求而实现战略目标，或者实现低成本，或者实现歧异性，或者兼而有之。在整个市场领域虽显现不出，但企业将依靠一两种优势占领特定狭窄市场的巨大市场份额。

采用目标集中战略的企业具有超产业平均水平收益的潜力。它的目标集中意味着公司对于其战略实施对象或者有低成本优势，或者具有高效益优势，或者兼而有之。这些优势保护公司不受各个竞争作用力的威胁。

目标集中战略通常意味着对进军整体市场份额的限制。目标集中战略必然包含着利润率与销售量之间互为代价的关系。

三、不同行业地位战略

（一）市场领先者战略

在行业中处于平均水平之上的企业，可以称作领先企业或主导企业。这类企业通常应将战略重点置于如何巩固已有地位和保持现有优势，一般采取三种不同的姿态，即继续采取进攻战略、不断发动攻势、积极主动出击，使对手穷于应付，从而保持自身的优势地位并巩固自己在行业中的领先地位；采取坚守战略，通过各种预防措施，保护现有市场地位，使对手难以参与竞争，从而保证企业的丰厚利润；采取骚扰与对抗战略，对行业中对手的市场活动采取积极严厉的反击行动，使这些企业不敢或不愿轻举妄动，甘当跟随者。

（二）市场挑战者战略

该战略是市场战略中十分重要的一环，每个成长起来的大型企业组织集团无不是经历了这个阶段战略而成功的。

一个市场挑战者必须确定它的战略目标。绝大多数市场挑战企业的战略目标是增加其市场份额。另外，无论是为了击败竞争对手，还是为了减少其份额，都必须明确市场领先者是谁。

清楚了解战略对象和目标之后，企业应该考虑采用何种战略来战胜领先者，达到目标市场份额。市场挑战者可采用以下战略战胜竞争对手。

第一，正面市场进攻。挑战者发起攻击时集中力量正面指向对手；向对手的实力发起进攻，并非攻其弱项，其结果取决于双方的实力和持久力。在一场纯粹的正面进攻中，挑战者往往针对领先者的产品、广告、价格等发起攻势。为了使后面进攻取得成功，挑战者需要以具有超过领先者的产品、广告、价格等发起攻势。为了使正面进攻取得成功，挑战者需要具有超过领先者的实力优势。这里笔者提出"实力原则"，较大力量的一方将会取得交战的胜利。

第二，从旁进攻。现代进攻战略的主要原则是"集中优势力量打击对手弱点"。挑战者佯攻正面，但实际在侧翼或后方发动真正的进攻。从这点进攻在营销上具有重大意义，特别适用于那些资源少于领先者的挑战者，他们无须用实力来压倒对方，只采取避实就虚的战术就可取胜。

第三，包围进攻。包围战略与从旁战略不同，它试图设计几条战线同时发动一场大的攻势，使对手疲于奔命。挑战者可以向市场提供比对手多得多的产品或广告促销费用。当一个挑战者比对手具有资源能力优势，并相信包围将有可能完全和快速地击破对方的抵抗意志时，这样的包围战略才有意义。

第四，绕道进攻。绕道进攻是最间接的进攻战略，它避开任何直接的冲突，绕过对手，攻击较易进入的市场，扩大自己的资源和能力基础。它通常有三种途径：多元化经营无关联的产品，用现有产品进入新的地区市场，采用新技术以取代现有产品。在高技术行业中优先使用新技术是一个很合适的绕道战略，它比不断模仿的产品要主动得多。

第五，游击进攻。游击进攻是适用于竞争者的另一种战略，它对资本不足的小企业特别适用。它包括对领先者的不同领域进行小的、断断续续的攻击，目的是扰乱对方，弱化其整体企业精神，并最终获得永久的据点。常用方法包括选择地减价、供应干预、密集的促销扩张等一系列短、平、快的措施。

（三）市场追随者战略

1. 紧追不舍

在多个细分市场中模仿领先者，往往以一个挑战者的面貌出现，但是并不十分妨碍领先者，因而不会发生正面大规模冲突。

2. 若即若离

保持某些距离，但又在主要市场和主要产品上创新、一般价格水平和分销上追随领先者，因为它使领先者认为市场计划很少受到干预，而且乐意让出部分市场以免遭独占市场的指责。

3. 选择性追随

实行这部分战略的企业在某些方面紧跟领先者，但有时又走自己的路。它们可能具有完全的创新性，但又避免了直接冲突，它只应在有明显好处时追随领先者的许多战略。

（四）市场补缺者战略

几乎每一个行业中都有小企业为市场的某些部分提供专门服务，它们避免也无力同大企业冲突。它们占据大市场的小角落，通过十分专业化而为大企业忽略或放弃的市场进行有效服务，这些企业的战略称为市场补缺者战略。

市场补缺者战略的实施首先需要寻找一个或更高的、有利可图的市场补缺基点。同时市场补缺者必须在市场、顾客、产品或营销组合上实行专业化，企业专门为某一类顾客市场、某一地区市场服务等。

由于市场补缺基点往往会枯竭，有时也会受到攻击，市场补缺的风险较大。为了求得生存，小企业应采取补缺者战略，拥有多个补缺基点。

第五章 加强企业经营管理工作

第一节 改革企业经营管理模式

一、21世纪企业面临的竞争和挑战

（一）全球经济一体化趋势给企业带来更大竞争压力

随着信息技术的发展以及互联网的普及，世界已经发展成为一个联系紧密的统一体，国家和地区间的经济、技术壁垒逐渐消除。尤其是信息技术的发展突破了经济活动中时间与空间的限制，企业可以在更广泛的时空中寻找客户与合作伙伴。当然，企业也在全球化市场建立过程中，面临更多、更强的竞争对手。企业比以往有更多机会占领更大的市场，也更有可能因为竞争失败而被市场淘汰。经济一体化使企业不得不面对更大范围内的市场竞争。

（二）产品研发压力增大

随着技术更新速度的加快，新产品更新换代的速度越来越快，产品的寿命周期缩短，对企业产品开发的能力要求越来越高。与此同时，因为产品结构逐渐复杂化，产品功能越来越强，增加了产品研发难度。现阶段，很多企业开始认识到开发新产品在企业发展中的重要性，所以，很多企业不惜成本投入，然而资金利用率以及投入产出比不尽如人意。主要原因在于，产品研发难度增大，周期变长，尤其是那些规模大、结构复杂及技术含量高的产品，研发过程不仅涵盖多领域，还要求多学科交叉。因此，恰当处理产品开发问题应引起企业高度重视。

（三）用户个性化需求增长

用户的信赖是推动企业不断发展的重要因素，用户的信任不仅取决于产品质量，还需要依靠售后的技术支持和服务。很多著名国际企业已经在全球范围内建立起健全的服务网络，就是很好的例证。随着社会发展、产品市场繁荣，用户对产品和服务的要求与期望提升，消费者的需求结构也发生了变化。第一，多样化和个性化的需求越来越多，这一需求带有较大的不确定性。企业要在新环境下谋求发展，就要扭转生产管理模式，从标准化生产向定制化生产转变，由以往"一对多"的生产模式向"一对一"的定制化服务转变。第二，不断提高产品的功能、质量和可靠性。第三，在满足个性化需要的同时，价格仍能保持批量生产时的低廉水平。

个性化需求使多品种、小批量生产在企业生产中逐渐占据重要地位，同时也导致企业生产成本控制出现较大困难。而全球供应链的出现有效联结了制造商与供货商，为定制生产成本控制带来新思路。企业应该认识到，尽管个性化定制生产可以提高质量，提升客户满足度，但要保持相对低廉的价格，对企业经营管理提出了更高的要求。

（四）产品品种数量增长带来库存压力

为满足消费者多样化需求，企业加大产品研发的力度，新产品上市周期缩短，产品品种、数量成倍增长，从而带来很大的库存压力。库存占用生产资金，又对企业资金周转率提出了更高的要求。

二、全球竞争对企业管理模式提出挑战

管理模式是系统化的指导和控制方法，其将企业中的人、财、物以及信息资源以一定的模式转化为市场所需的产品与服务。从企业建立的那天开始，质量、成本与时间就成为企业运作的核心，管理模式就是在这三者的基础上发展起来的。质量是企业的立足之本，成本控制是企业的生存之道，时间是企业发展的源泉。

（一）转变企业管理模式

1.从"纵向发展"向"横向发展"转变

出于资源占有以及生产控制的需要，企业以往常常倾向通过向上下游延伸

扩大自身规模，例如参股供应商或收购销售商，即"纵向发展"的模式。中国企业尤其是传统国有企业大都属于"大而全"和"小而全"的经营模式，就是"纵向发展"的典型表现形式。

比如，很多企业在发展过程中逐渐具备了零件加工、装配、包装、运输等能力，但产品开发与市场营销能力却没有相应提升，产品开发、生产和市场营销呈现中间大、两头小的"腰鼓型"模式。"腰鼓型"企业在新的市场环境下无法快速响应用户需求，因此失去了很多机遇。在市场比较稳定的条件下，"纵向发展"模式是非常有效的，然而在市场需求逐渐变化、市场竞争越来越激烈的情况下，"纵向发展"模式显现出如下弊端：

（1）企业投资负担增加

"纵向发展"要求企业投入较多资金，无论是新建工厂还是参股、控股其他企业，企业都需要拿出"真金白银"，占用了大量企业资源。

（2）企业需要经营不擅长的业务

"纵向发展"使企业或者"大而全"或者"小而全"，管理人员膨胀，并花费大量时间、精力、资源在多项辅助性管理工作中，甚至忽略了关键性业务，最终导致企业丧失竞争优势。

（3）面临多业务领域竞争

"纵向发展"模式存在的另一个问题就是，由于企业业务链条长，需要在多个业务领域与不同的竞争对手展开竞争。企业的资源、管理精力有一定的局限性，"纵向发展"模式的结果可想而知。

随着信息网络化的不断发展，企业之间开展业务合作更加方便，企业生存和发展更聚焦打造核心竞争力，集中精力夯实自身优势。因此，"横向发展"成为企业扩张的主流模式。这一模式的发展要点是经营好核心业务，在产品价值链中深挖关键技术。

2. 企业资源管理核心从内部向外部转变

在生产计划和管理控制层面，企业在各个时期的发展重点是不同的。20世纪60年代以前，企业通过批量生产、安全库存与订货确定来保障生产过程的稳定；20世纪60年代以后，精细化生产等方式出现，提高了企业的经营效益；20世纪90年代后，全球经济一体化格局逐渐形成，消费者需求特征有很大改变，对企业的市场竞争能力提出了新的要求，传统管理思想已不再与新的竞争形势相适应，市场要求企业以最快的速度回应用户需求。想要达成这一目标，依靠企业现有资源是远远不够的。因此，纵向联合、横向深挖成为企业管理模式调整的必然选择。

（二）供应链管理模式产生

1. 传统管理模式的盲区

在现阶段市场竞争格局中，企业仅依靠现有资源是很难满足市场需求的，自身经营也很难取得理想效果。《敏捷制造——21世纪制造企业的战略》一文中指出，"敏捷制造"属于制造业在战略高度的一次变革，面对全球化竞争买方市场，企业必须能够快速重构生产单元，以充分自治性和分布式协同取代金字塔式多层管理结构，追求员工创造性的充分发挥，将企业间的市场竞争转化为有竞争、有合作的"共赢"。

2. 供应链管理

因为"纵向"管理模式存在很多不足，从20世纪80年代开始，很多企业从该类型经营管理模式中突围出来，开始采用"横向"管理模式。对企业管理来说，就是从企业内部扩张转向外部扩展，以共同利益为目标，实现企业之间的结盟。"横向发展"建立起由供应商到制造商再到分销商的链条。在链条中，各节点企业需要实现同步、协调发展，只有这样，才能使链条上的企业受益。因此出现了供应链管理模式。

敏捷制造与供应链管理都是将企业资源管理范畴由传统的单个企业扩展到整个社会，不同企业因市场利益达成战略联盟，联盟共同"解决"满足顾客需要的问题。

供应链管理需要运用现代信息技术改造业务流程，重塑供应商与企业及客户的关系，提升企业竞争力。运用供应链管理模式，能够使企业在较短时间内找到合作伙伴，通过更低成本、最快速度以及最优质量在市场中占有一席之地，受益的不仅是生产制造企业，还包括供应链上的企业群体。

三、新型企业管理模式和管理工具——ERP

企业资源计划（Enterprise Resource Planning, ERP）。这一概念是20世纪

90 年代由美国企业首先提出的。ERP 既是一种企业管理思想，也是新的管理模式。作为企业管理工具中的一种，它的突出特点是必须基于先进的计算机管理系统。

（一）ERP 内涵

制造业企业的基本运营目标，是通过较少的资金投入获得最大利润。要达成这一目标，企业管理者必须面对五项任务：一是制订合理的生产计划；二是合理地管理库存；三是充分利用设备；四是均衡安排作业；五是及时分析财务状况。

20 世纪 60 年代，制造业从"发出订单—催办"的计划式管理模式中突破出来，设置安全库存量，为市场需求提前做好缓冲。20 世纪 70 年代，企业管理者进一步认识到，必须有准确的订单交货日期，因此，出现了对物料清单进行精细管理和利用的计划，即 MRP。

20 世纪 80 年代，企业管理者认识到，制造业必须通过生产和库存控制集成的方法才能有效解决制造链条脱节的问题，所以，在资源计划中出现了 MRP-Ⅱ。20 世纪 90 年代后，企业需要处理的信息量越来越大，资源管理的复杂性越来越高，以往的人工管理方式很难满足实际需求，因而出现了新的管理理论和计算机管理体系。

随着市场竞争日益激烈，技术优势变得更加重要。企业没有技术优势，也就失去了竞争优势。所以，谋求技术优势成为企业发展的重点。企业管理也要与时俱进，与市场竞争需求相适应，为企业发展提供竞争制胜的武器。正因如此，ERP 才有了更加广泛的应用。

ERP 在管理中的应用主要体现在四个方面，一是超越 MRP-Ⅱ与集成功能；二是支持混合方式制造环境；三是支持动态监控，帮助提升企业绩效；四是支撑开放性客户终端和服务器等计算环境。

ERP 管理将企业内部制造流程与供应商资源结合起来，体现了按照用户需求进行生产的管理思想。它将制造企业流程看作紧密连接的供需链，包括供应商、制造工厂、分销网络以及客户；将企业内部分为相互协同的支持子系统，例如财务、市场营销、生产制造以及质量控制、服务和工程技术支持等。

企业资源可以简单地概括为三大流，即物资流、资金流与信息流，三者共同组成了 ERP 信息管理系统。ERP 是以信息技术为前提建立的，通过现代化企业管理思想，对企业资源信息进行集成并为企业提供一定的决策、计划与控制的平台。

（二）ERP 发展

ERP 概念最初是由加特纳集团提出的，此后提出的新的概念，即 ERP-II，是运用更为先进的计算机技术扩大管理范围，重组企业流程。"资源整合，流程再造"可以概括 ERP-II 的管理思想。具体来说，主要是整合企业内部资源，合理规划采购、生产、库存、分销、财务等。ERP 的触角会伸展至企业生产经营活动的每个环节，通过对诸多环节的"再造"，使企业生产实现最佳资源组合，进而提高经济效益。

（三）ERP 应用

1.ERP 的有关概念

（1）物料编码

物料编码也称物料代码，是计算机系统中物料的唯一代码，主要涉及物料技术信息、物料库存信息、物料计划管理信息、物料采购管理信息、物料销售信息以及物料财务相关信息等。

（2）物料清单

所谓物料清单，是指对产品结构进行详细描述的文件。物料清单特别强调资料的准确性，要求重复率为零。此外，在 BOM 资料上，准确率要大于 98%；库存数据的准确率要大于 95%；工艺路线的准确率要大于 95%。

（3）虚拟件

所谓虚拟件（SHI），是指为了对物料清单实施简化管理，在产品结构中出现的虚构物品，它们并不出现在图纸和加工过程中，其主要作用是便于管理，例如组合采购、组合存储和组合发料等。在处理业务过程中，计算机系统只要对虚拟件进行操作就能生成业务单据，为企业管理提供极大便利。

（4）工作中心

工作中心是对生产加工单元的统称。由一台或者几台功能一样的设备以及员工、小组或者工段组成的装配场地，甚至一个具体的车间都可被看作工作中心，这一概念使生产流程大大简化。

（5）提前期

生产准备的提前期是指由生产计划到生产准备完成的过程；采购的提前期是指采购订单下达之后到物料入库阶段；生产加工的提前期是指从生产加工的投入开始到生产完工入库阶段；装配的提前期是指从装配投入到装配结束的过程。企业生产提前期是指整个产品生产周期，主要包括产品设计提前期、生产准备提前期、采购提前期、加工、生产等提前期。

（6）工艺路线

工艺路线是对物料的具体加工、装配顺序以及每道工序的工作中心进行说明，对各项工作的时间要求、外协工序时间以及费用进行的说明。

（7）主生产计划

该生产计划简称 MPS，这是对所有具体产品在不同时间段生产状态的计划。主生产计划是按照生产计划、预测与客户订单对未来不同生产周期的产品种类以及数量进行规划，以使生产计划有效地转换为产品计划，平衡物料与生产能力，落实时间、生产数量等信息。主生产计划是对企业一段时期内生产活动的具体安排，是通过生产计划和具体订单以及对历史销售数据的分析综合制定的。

（8）物料需求计划

物料需求计划简称 MRP，是关于生产计划中所有项目采购进度的计划，主要解决五个问题，即需要生产什么，一共生产多少？需要运用什么？现在都有什么？还缺什么？怎样安排？物料需求计划是在生产计划确定之后制订的，这是生产部门有序运转需要严格遵守的计划。

（9）能力需求计划

能力需求计划简称 CRP，是指对生产所有阶段和工作中必需的资源进行精确计算，最终获得人力负荷和设备负荷等数据，并依此制订的计划，企业据此实现生产能力和生产负荷之间的平衡。在能力需求计划中需要处理的问题有：物料需要通过哪个工作中心加工？工作中心可用能力有多少？各个时段的可用能力和负荷是多少？能力需求计划属于短期计划。

（10）粗能力计划

粗能力计划简称 RCCP，是指对关键工作能力展开评估后制订的生产计划，对象是指"关键工作中心"。主生产计划的可行性是通过粗能力计划校验的。

粗能力计划评估的步骤有：一是建立关键工作资源清单；二是确定工作中心的负荷和能力，框定超负荷范围；三是确定负荷是由哪些因素确定的，需要占用的资源现状如何，以便管理者对工作中心的生产能力进行评估。

（11）无限能力计划

无限能力计划是指在制订物料需求计划的过程中不考虑生产能力方面的局限，对工作中心能力和负荷进行计算，获得工作中心负荷数值，出具能力报告。如果实际生产负荷大于能力，就需要调整工作中心的负荷。

（12）有限能力计划

这一计划是指在工作中心能力没有发生任何改变的情况下，生产计划需要根据优先级安排。如果工作中心的负荷已经满了，优先级别低的物料就会被推迟加工，即订单被推迟。这一计划不需要评估负荷与能力。

（13）投入产出控制

它还被称为输入、输出控制，是衡量生产执行情况的一种方法，是计划和实际投入与计划和实际产出的控制报告。

2. 计算机技术中 ERP 的发展

这主要表现在软件方面，例如客户终端与服务器的体系结构、数据库技术、图形用户界面、面向客户的技术及开放等。总之，ERP 彻底突破了以计划为生产核心的管理思想，更看中对企业供需链和信息集成的管理，能迅速提供企业内部、供销渠道、市场营销以及金融动态等方面的最新信息，便于企业管理者分析处理，进而以最快的速度做出反应。

第二节　加强财务控制

一、财务控制

（一）管理学视角的控制

现代管理学家亨利·法约尔被誉为现代管理理论的创始人，他对管理要素进行了细致的划分，主要包括计划、组织、指挥、协调与控制五方面。他认为控制是为实现计划目标提供重要保证的实施手段，是对所有工作项目与计划实施内容符合与否的确定，是对所有计划的实施以及所指定原则一致性的保证。在管理工作中，控制手段实施的目的是明确工作中存在的问题，弥补工作缺陷，以此提高工作效率。法约尔认为，正确控制手段的实施需要明确控制对象的工作范围，防止各部门领导干预基层工作，避免出现"双重领导"或者控制不利等情况。

在管理控制中，财务控制最为重要。但在管理实践中，管理者对财务控制工作缺乏重视，专业知识薄弱，是企业发展效益难以提高的重要原因之一。因此，加强财务控制工作，将其作为企业管理的独立一环很有必要。

（二）财务、会计和审计学中的财务控制

《经济学大词典》将会计控制定义为通过会计信息与经营决策制订会计计划，明确会计预算，考核经营成果，推动生产活动与业务工作在既定范围内有效运行。

在市场经济快速发展的背景下，财政部等为推动企业内部会计工作制度建设，促进内部会计监督工作更好地开展，为社会主义市场经济秩序的良好运行提供保障，根据《中华人民共和国会计法》，颁布了《内部会计控制规范——基本规范（试行）》与《内部会计控制规范——货币资金（试行）》等管理条例。这些为企业财务管理工作规范化提供了重要指导，具有积极意义。

二、财务控制的主要手段

企业所有的财务活动都需要通过控制实现，企业通过规章制度对预算的实际运行过程进行控制，对结果展开评估，将评估结论反馈给管理层，推动企业管理不断接近、实现经营目标。通过对财务活动的管理实现企业的短期与长期发展目标，是财务控制的主要内容。通常而言，财务控制具体的实施方式包括以下四种。

（一）定额标准控制

将定额作为企业资金运动中的控制实施标准。凡是与定额相符合的业务即提供支持，确保资金充足；当业务超出定额要求时，需要对超出原因展开分析，采取针对性处理措施。

定额管理是企业通过明确的定时定量要求对财务工作实施管理，构建具有科学依据且行之有效的多种定额标准，根据其内在联系建立对应体系。根据管理内容，定额体系主要包括资金、费用成本、设备、物资；根据性质，定额体系又可划分为效率定额、状态定额和消耗定额。

企业实施定额管理需要保障两项基础工作，即计量与验收。计量工作对原材料的使用、物资采购、入库、使用以及出库、转移等各环节内容进行监管，对实施效果进行验收、评估。

（二）授权控制

授权控制属于事前控制的一种，可以事先防范财务活动中不合理、不合法、不正确的经济行为，将其控制在活动产生效用之前。授权管理的实施方法是借助授权通知书明确责任事项与资金使用范围、额度。授权管理实施原则是对授权范围内展开的行动给予百分之百的信任，对授权之外的行为坚决制止。

授权分为两种形式：一般授权与特别授权。一般授权是企业内部基层管理者根据既定预算标准、计划内容与制度规范，在其权限范围内对合理合法的正常经营行为予以授权；特别授权是指非常规经营行为需要对其展开专门研究之后再实施授权。与一般授权不同，特别授权是以某些特别的经营业务为对象，此类业务具有一定的独特性，通常不会有预算标准与计划内容作为参考依据，需要在实施中根据实际情况对其进行具体的研究与分析。

在企业财务管理中，一般授权普遍存在，通常将其权限授予基层管理人员即可，一般授权不仅能提高工作效率，还能保证企业经营的灵活性与主动性。特别授权由于缺少参照依据与成熟规章，基层管理者无法直接对其负责，没有直接处理相关业务的权力，需要高层管理者甚至企业领导者在专门研究后做出决定。

通常而言，大部分经营业务的授权都无法在一次过程中完成，而是需要经过两次或两次以上相关程序实现授权。例如采买业务，需要事先由物资使用部门填写购物申请，得到授权后递交采购部门，后者展开订货活动。物资到位后，需要向会计部门递交发票、运单与验收报告等信息资料，经过会计部门审查同意之后才可付款，至此，一次经营业务活动完成，授权也完成。换言之，采买业务的授权通常包含先后两次授权活动。第一次授权是在采购活动开始之前，对该活动的展开予以批准；第二次授权是在付款之前，对采购活动的结束提供保证。

企业经营活动中的授权控制需要确保：存在不合法行为不能授权，是最基本的授权控制要求。"责、权、利"三者结合为授权控制的基础，拥有授权权力的责任人要根据企业相关规定，在权限范围内展开授权活动，不能越权授权。未经授权，企业所有经营活动都不能付诸实施。这一授权原则能够确保企业经营活动的合理性与合法性，将不合规定的经营活动控制在实施之前，为企业安全、合法经营提供保障。

一方面是必须合规授权，另一方面，已被授权的经营活动必须严格执行，如果因故无法执行，需要及时向上级报告，不得擅自更改授权内容或方案，以保证经营活动按照授权方案开展。

（三）预算控制

财务预算属于控制机制的一种，在实施过程中对预算主体与预算单位开展的经营活动起指导和调节作用，体现为"自我约束"与"自我激励"。换言之，预算起一种标杆作用，帮助预算执行主体明确目标，掌握现阶段发展状况，明确实现预算目标的路径。预算是否能够完成应与其自身利益相关联，因此，预算控制是对预算行为的约束。同时，预算也是对财务预算主体实施有效考核的依据。因此，在企业整体发展中，财务预算不仅控制执行主体的行为本身，而且控制行为的结果，属于企业管理机制中的重要组成部分。预算控制的作用主要体现在：尽可能为预算的实现提供保障；将预算目标与实际业绩进行比较，使高层管理者充分掌握企业业务经营情况；对目标与实际经营成果之间的差异展开分析，对差异产生的原因进行研究，以诊断企业经营中存在的问题；定期对实际与预算两种业绩展开比较，为企业经营效率的提高提供保障；强化企业的经营管理工作，提高企业运营效率。

企业应从三个层次构建规范化的预算管理体系：第一，在高层管理者中建立规范的预算体系观念，如在《公司章程》与股东大会等层次制定相关预算条款。第二，在中层管理者中推行预算规范。第三，在具体业务部门建立规范的预算制度与预算管理办法。

财务预算以董事会、经营者以及公司各部门包括所有员工的责、权、利三者关系为基本出发点，要使企业全体员工明确各自的预算权限、预算目标，以确保预算工作中的决策、执行、结果三者之间统一协调发展，推动企业整体效益的提高。

企业应将预算作为加强管理的重要手段。财务预算的本质要求是所有经营活动以财务目标为中心，促进经营策略在预算执行中有效落实。以预算目标为中心编制预算，预算目标主要包括利润、成本、销售、现金流量等内容。在预算指标确定后，其在企业内部便被赋予了一定的法律效力，各部门为推动生产营销与相关活动的展开需要对财务预算中存在的可能性做全面考虑，以实现财务预算目标为中心推动经营活动的开展。

以实际效益为预算结果的考核依据，实施奖惩制度。企业最终决算与预算目标比较，根据各责任部门的预算执行结果，进行绩效考核。此外，预算委员会需要根据预算执行情况对发生偏差的原因进行分析，有针对性地采取改善措施，必要时对预算方案进行调整。

（四）实物控制

企业实物包括资产、物资、会计账目等。对实物实施控制是为了对所有实物的安全性与完整性提供保障，避免出现舞弊等行为。实物控制工作内容包括：

1. 实物限制接近

该措施是为了防止或降低实物被盗或被损毁等情况的发生，通过明确责任为实物实体提供保护。例如，对接近实物的人员进行严格控制，必要时须经相关部门批准。通常而言，企业特别需要对两类实物实施限制保护：其一，现金。现金管理必须严格，只有专职出纳人员才可接近。应设置专职保管人员进行管理，未经批准，任何人员不准入库。其二，账目报告。包括与企业资金项目等相关的资料报表等，此类实物涉及企业发展状况，是企业商业机密，应该严格限制接近，未经批准无关人员不得接近与浏览，以免篡改数据、销毁资料或数据不当外泄等情况的发生。

2. 实物保护

实物保护能够有效避免实物被盗或被损毁等情况的发生。例如，安装保险门、保险柜等设备避免被盗；设置灭火器等消防设备，避免火灾发生等。对实物保护情况应定期进行检查，及时消除安全隐患，避免实物受损。

3. 定期清查

企业需要根据经营特点，定期对财务、物资等实际存储数量进行全面检查，通过定期盘点与轮番盘存相结合的方法，充分了解与妥善处理盈亏情况，确保实存数与账存数两者相符。

第三节　创新管理理念

管理者实施管理必然是在一定的管理理念指导下进行的。正确的管理理念能确保管理者准确分析企业经营中出现的问题，充分发挥企业管理职能。

一、观念创新

（一）创新的意义

思想观念影响人们的行为，社会变革以思想解放为前提，创新需要观念引导。企业管理理念创新就是通过新的思维方式分析与研究企业管理工作中的现实问题，并据此采取针对性措施，发展新途径，创造新成果，开拓新局面。

西方企业管理研究者曾提出：变化是企业发展中唯一不变的。不变是相对因素，变是绝对条件。企业发展就是不断改革组织结构与经营流程，以与消费者需求相适应。其中变所体现的就是创新。社会发展，企业通过创新实现与时代发展同步；科技进步，企业通过创新将科技成果转化为市场需求。在激烈的市场竞争中，创新是企业制胜的关键因素，是企业发展的根本。

（二）创新的特征

1. 新颖性

创新是对没有解决的问题实现有效处理。创新不是模仿，是通过继承实现新突破，因此，取得成果是前所未有的，是新颖的，包含以往没有的新因素。

2. 未来性

创新所解决的问题是以往所没有解决的，是面向未来的，重心放在未来。在管理活动中，创新者需要围绕未来发展制订计划、设计方案，推动企业在未来更好地发展。

3. 价值性

创新成果具有普遍的社会价值，主要包含经济价值、学术价值、实用价值、艺术价值等。管理者通过制定与实施管理措施对以往没有解决的问题进行有效处理，就具备一定的创新管理价值。

4. 先进性

先进性的存在需要与旧事物相比较获得。缺少先进性的创新成果仅具新颖性与价值性，仍无法成为旧事物的替代物。就产品而言，不具备先进技术就无法在激烈的市场竞争中占有一席之地。

（三）创新性思维的发展过程

创新性思维具有一定的复杂性。管理者充分掌握创新型思维的特点能够有效促进成果出现。创新性思维的发展过程一般包括四个阶段：定向、逼近、成型与深化。

1. 定向阶段

在该阶段，创新者主要收集信息，对问题展开初步研究，包括问题的性质与多方面特点。创新者通过联想，从以往工作经验中获得启发，成为创新的重要依据。

2. 逼近阶段

创新者需要动员自身最大的能量，释放与运用所有能量和才能，对所追踪的目标进行研究、思考和冲击。逼近阶段属于整个过程中最为紧张的阶段。

3. 成型阶段

创新者需要灵感推动，灵感是经过深思熟虑获得的，在此状态下，创新者才思敏捷，产生新的观点，形成对应结论。灵感的出现可能十分突然，但是新观点与结论需要经过长期的积累才能形成。

4. 深化阶段

创新所得的观点与结论并非完善的，需要经过反复验证，经过丰富与完善，才能更好地建立。

创新性思维发展的四个阶段相互渗透、相互影响。一般情况下各阶段的次序不会颠倒，前一阶段的实施是后一阶段的基础，后一阶段包含着先前阶段的成果。例如，逼近阶段是对发展方向的调整，深化阶段会有新灵感与顿悟产生。有时前一阶段与后一阶段无法截然分割，甚至融为一体。创新性思维持续时间长短不一，主要取决于创新的复杂程度与思维能力的不同。创造性思维具有一定的复杂性，属于辩证思维活动，是对多种思维方法的综合运用，因此无法复制。

（四）创新性思维的基本形式

创新性思维属于思维模式的一种，包含基本的思维形式，主要体现在以下几个方面：

1. 理论思维

一般而言，理论属于原理体系，理论思维是理性认知经过系统化所形成的思维形式。理论思维具有一定的科学性与真理性。一旦理论思维出现混乱，或与客观规律不相符，运用的结果很可能是失败。

理论思维在实践中有广泛的应用。例如，通过系统理论思维在系统工程中的运用，对系统内与之相关的问题进行有效处理的现代管理方法。系统工程属于科学方法的一种，借助系统工程可以实现对组织系统更好的规划，创造更为有效的方法。

2. 直观思维

直观思维通常指人们在实践中大脑在外界事物刺激下所产生的感觉，其特点主要有生动性、具体性与直接性，是创造性思维的基础。直观思维一般是由人们的观察力、想象力与记忆力决定的。人们进行创造性活动通常是基于知识的积累，知识积累越多，其创造力的基础越深厚。

3. 倾向思维

倾向思维也是思维的一种基本形式，即人们在展开思维活动时具有一定的目的性与倾向性。在创新思维活动中经常会运用倾向性思维。一般情况下，创新者接触某一事物会在大脑中产生一定的感觉，以此为倾向，在思考问题的过程中会突然产生灵感或者顿悟，最终创造或开拓新的思路、模式或方法。

人们对事物的认知并非完全呈直线形态，通常会有曲折，甚至会有多次反复，才能获得对事物的正确认识和理解。不论过程如何，认知过程中都会有一定的改变，灵感与顿悟也会在无意中出现。

4. 联想思维

客观事物之间存在一定的联系，联系具有相互性，事物之间的联系会在人们大脑中产生不同的反应，并成为不同联想产生的依据。联想思维是指通过对某一事物的认知引发关于另一事物的相关认识的心理过程。在思维过程中，运用联想思维十分频繁。比如，看到一件物品想到与其相关的人、事、物，或者通过一件事情联想到与其相关的其他若干事情。联想思维在创造发明、对人的创造力的开发方面具有非常积极的意义。

5.逻辑思维

逻辑思维是通过将科学方式与抽象概念相结合，对事物的本质进行解释，对现实结果进行认知表达。逻辑思维存在于人们的认知过程中，通过概念对现实的反映进行判断与推理。逻辑思维属于严密性较强的科学思维形式，要求与客观规律相符合。在反映现实的过程中，这种思维能力的强弱在一定程度上是与主体知识的丰富性相关的。它不仅影响创造的成功与否，还关乎创造时间的长短。随着电子计算机技术的应用，逻辑思维在各个领域的影响越来越显著。

创新并非创新者主观臆想的结果。其产生过程需要大量观察与反复思考、分析，并根据事先搜集的依据进行判断，展开推理。创新过程要求不断接受客观规律的检验，最终得出符合逻辑的结果。

逻辑思维在管理工作中被广泛应用。随着管理创新活动的广泛开展，企业管理者主动培养员工的创新、创造能力；对企业未来发展展开研究预测，在这个过程中，逻辑思维能力的强弱成为决定性因素，也是提高管理水平的关键，因此对企业管理者而言是极为重要的管理工具。

6.发散性思维

发散性思维是从不同的方向、不同的途径对管理中所获得的信息展开思考与重组，并以此为构建新管理模式的基础。在管理实践活动中，问题解决方案通常是由具备较强发散性思维能力的人提出的，发散性思维在处理实际问题时常常另辟蹊径，实现对问题的完美解决。

二、过程创新

（一）过程创新要与企业规范转变相结合

过程创新需要立足新的发展角度，对过去的工作方法与管理方法进行重新设计，本质是对企业传统管理理念的突破。企业在发展过程中逐渐形成一定的工作方法与管理惯例，随着这些方法和惯例应用时间的延长，其中的做法和程序成为固有模式，或最终成为企业规范。过程创新实际是打破原有规范的制约，重新建立与企业经营现状相适应的新的规范。

（二）过程创新要重视学习

打破旧观念接受新观念，摒弃熟悉的方法适应新方法，需要人们学习更多新知识、新理念、新方法。学习能够帮助人们正确认识革新的必要性、紧迫性，有助于旧规范的改变，有利于推动新管理方式在企业的应用。日本企业在发展中十分重视应用过程创新理论，例如成立学习小组，组长由总经理亲自担任。小组成员需要根据企业提出的创新发展目标广泛搜集、学习新的理论和知识，学习过程与企业管理创新过程紧密结合，在小组成员中通过交流、讨论、思想碰撞等最终形成企业管理创新方案。

（三）重视培养新型人才

过程创新需要人才支撑，开发人才是促进过程创新的重要一环。人是企业发展的原动力与主体，在过程创新理论观念中，与技术开发相比，人才开发更为重要。为了促进人才培养，企业需要营造良好的崇尚学习、尊重人才的氛围，给人才以更多表现机会。企业过程创新不能过多纠结成败，要为创新营造一个宽松的环境。在过程创新中，试验、失败，再试验，再失败，直至最后成功属于自然规律。

（四）领导班子是过程创新的推动者

过程创新与企业根本变化相关联，因此，企业实施过程创新需要最高决策者的全力支持。实际上，企业实施过程创新大部分是由最高决策者发起的，但是过程创新的实施中，会涉及较多十分具体且针对性较强的工作内容，需要中层与基层责任者共同承担。在过程创新实践中，最高决策者扮演的角色主要是思想家与教育者，具体的创新活动由下属执行。因此，领导者需要对下属授予更多权力，以促进其更好地发挥主动性。在有些情况下，过程创新甚至需要企业全员参与。

（五）加强研究开发是过程创新的保证

过程创新应用还能强化企业的研究开发能力，为企业的创新发展营造良好氛围。当然，研究开发不只是技术开发，还有工作方式的创新与管理工作内容的开发等多方面内容。过程创新的工作内容十分复杂，但这一理论的基本思想在企业组织中的运用取得了良好效果。因此，在未来企业发展中，过程创新理论会获得更大的发展与应用空间。

三、系统观念

（一）系统特征

1. 系统的集合性

系统的集合性主要表现在系统组织构造方面。系统是一个有组织的整体。从事物的形成过程来看，事物的一切组成部分是构成系统的基本要素，系统是各要素之间的集合。因此，系统的要素又被称为系统的子系统。

2. 系统的整体性

通常情况下，系统由两个或者两个以上的要素（子系统）构成，具有较强的综合性与整体性。系统的各构成要素虽然具有较强的个性，但它们按照一定的逻辑结构或者统一标准构成系统后，表现出明显的整体性特征。系统并非各要素的简单集合，否则，它将不具备整体性与特定功能。因此，尽管系统中各要素不具备完整性，但是多个不完整要素组合在一起，就形成了一个功能良好的整体系统；若多个要素都具备完整性，却无法组合在一起，也就无法形成功能良好的系统。

3. 系统的关联性

一般系统内各要素之间具有密切的联系，且各要素之间能够相互作用，在系统中具有一定的依赖关系。因此，系统各要素之间呈现既相互独立又彼此关联的状态。

4. 系统的目的性

系统在构建过程中具有一定的目的性，为达到某种目的而具备特定功能。譬如，企业为开展经营活动而设计、构建经营管理系统，就是利用企业现有资源，充分发挥各子系统的功能，实现对产品数量、成本、质量、利润指标的控制与管理。

5. 系统的有序性

系统有序性是指系统在特定运行状态与结构形式下展现的发展规律与秩序。

系统按照一定的数量关系与组织规律，对系统结构、状态、运行方式、发展方向进行整合与处理，为企业发展提供一个有序的管理环境，使员工对系统形成清晰、明确的认识与理解，从而有序地执行生产任务，完成经营目标。

6. 系统的适应性

系统的构建要有一定的层次性，以使复杂的内容变得清晰、简单、明了。系统是由多个子系统组建而成的，还可与另一个系统构成更大的系统。子系统在系统内部形成一种相互联系、彼此依赖的共生关系，在系统外部形成一种相互作用的互补关系，使系统能够积极顺应市场变化，保障稳定运行。例如，企业管理系统具有较强的复杂性、开放性，能够实现能源输入、劳动力输入、信息输入、原材料输入等，并做好服务输出、产品输出。如果系统设计生产的产品无法适应市场需求，则要通过各项检查与试验，对生产计划和流程进行优化调整，实现对产品与服务的再造。

（二）管理系统

1. 基础管理系统

在组织管理系统中，基础管理系统是最基础、最根本、最原始的一种管理系统，主要涉及各项应用技术，因此，也可称为技术管理系统或者操作管理系统。该系统为系统总目标的实现奠定基础。

2. 中级管理系统

以基础管理系统为基础，通过组织、规划、管理，实现对基础管理系统的延伸与拓展，形成中级管理系统。该系统又被称为经营管理系统或者组织管理系统，为系统目标的实现带来动力，是高级管理的中间决策环节。

3. 最高管理系统

系统的最高目标需要依靠最高管理系统组织、推动实现，该系统又被称为战略管理系统，属于管理系统的最高层次。其职能是以系统所具备的整体性为突破口，对系统发展建设中存在的战略性问题进行处理，为系统的运行与发展创造有利条件，充分发挥系统价值。

第四节　人本管理思想在企业管理中的运用

随着知识经济时代的到来，全球经济一体化趋势明显加深。近年来，世界各国跨国公司都瞄准了中国市场，不断加大投资，给中国企业带来了巨大冲击。过去，我国企业大多采取粗放式管理模式，虽然改革开放后发展迅速，但大多并没有形成自己的核心竞争力，很容易受外部环境的影响。企业要想获得持续的竞争力，在激烈的市场竞争中求得生存与发展，必须不断加强企业管理。

人本管理将人作为管理中心，一切制度和方法都围绕人来制定、执行。传统管理将人作为实现企业目标的工具，人只是一种生产工具。人本管理将人作为目标的实现者，强调企业与员工"双赢"。将人作为管理中心，突破了以人为实现企业目标"工具"的局限性，充分尊重人，重视人的尊严、价值、思想，使人在特定工作岗位上发展自我，实现自我。企业的成功也是员工的成功，企业目标的实现也是员工人生目标的实现。人本管理不是简单的口号，也不是一些学者所言"以物为本"的对立面，而是人的思想与管理实践的完美结合，它注重以人为本的管理思想，管理规程和操作规范都基于这个思想前提形成。

人本管理是企业管理未来的发展方向，重视人本管理，将有助于企业管理者设计一套行之有效的管理体系，有助于极大提高企业管理团队的工作效率，在企业内部形成良好的运行机制，营造一个有内在激励机制的、由价值驱动的工作环境，创立一项值得员工为之承诺付出的事业，进而实现组织目标。

一、人本管理实践

（一）强调主体参与

以人为本的管理就是强调人在管理中的中心地位，通过对人的研究，激发人的主动性、积极性和创造性，从而提高生产效益。企业在生产管理中必须将员工看成管理的主体，实施管理的目的是充分挖掘员工潜能，进而提高企业生产效益和管理效益。

（二）尊重员工

"尊重"是企业管理者与员工间的情感纽带，只有给予员工充分的尊重与理解，才能使人本管理理念落到实处。俗话说："千里马常有，伯乐不常有。"员工的潜能是无限的，关键是企业管理者是否重视和能否激发员工潜能。企业管理的核心是人，把人管好了，才能使企业保持经久不衰的发展动力。

尊重员工，首先要为他们营造良好的工作环境，在心理上给予他们更多支持，使他们充分发挥积极性和创造力；其次管理者要公平对待每一位员工。

二、人本管理与企业建设

在人本管理理念下，企业的终极目标也是员工的终极目标，两者相互促进，是"双赢"的关系。员工在和谐、温馨的工作环境中，才能感受到工作的乐趣，提高工作满意度，进而爆发出工作热情。只有将理念"口号"转化成工作规范，转化成员工的行为习惯，员工才能自觉遵守，主动奉献。当员工的个人目标与企业目标高度融合时，就能实现"双赢"。

（一）制定企业愿景规划

为了更好地发展，企业往往会为自己规划极富挑战性的愿景，这是企业生存发展的动力。愿景能够凝聚人心，从而形成"众人拾柴火焰高"的合力，使员工为企业梦想努力奋斗。愿景规划要有一定的科学性，尽量简洁，主要遵循的原则有：一是简单明了，统摄企业整体理念；二是切忌浮夸，具体明确，能起到指导员工行动的作用；三是要具有一定的挑战性，能激发员工的工作热情；四是具有可行性，员工通过努力可以实现。

（二）确立核心价值观

企业的核心价值观是企业为了实现所追求的目标而形成的一种价值观念。核心价值观是企业哲学的组成部分，当企业内部出现矛盾时，核心价值观能起到疏解作用，它也是员工普遍认可的主张。

（三）加大企业文化宣传力度

企业文化是企业核心竞争力的重要组成部分，企业应加大企业文化的宣传力度，使企业文化深入员工内心。宣传方法多种多样，例如，企业可以印制宣传手册、员工手册、书籍等进行宣传；还可以建立企业门户网站，通过网站宣传企业文化。

（四）提升企业领导执行力

企业文化的形成是企业上下协同的结果，以企业领导为先锋，员工为组织力量，形成一种默契的氛围。在企业文化养成过程中，领导非常重要，特别是有实力的企业家，他们的一言一行、一举一动展现出的人格魅力在企业文化建设中将发挥重要作用。

（五）规范劳动合同

企业应根据实际需要规范劳动合同，如对某些岗位实行"终生雇佣制"，这样可以培养一支技术高超、稳定、成熟的员工队伍，他们是企业的核心资产之一。对一些技术含量较低、流动性较强的岗位实行"短期合同制"，合同一般不超过 3 年，到期续签合同。一部分特殊岗位需要期限较长，可签订中期合同。利用长、中、短不同期限合同方式，将优秀人才保留下来，同时不断在劳动市场中寻找新人力资源，形成新老员工的合理比例，增强员工效能。

在激烈的市场竞争环境下，企业要不断增强自身竞争力。一个具有发展潜力的企业必然是一个学习型企业，通过学习不断增强自身实力，通过学习不断创新科技成果，使企业竞争力得到提升。优秀的员工也必然是创新型员工，企业应该尽最大努力支持他们，使他们发挥技术专长，让他们感受到自己的价值和企业对自己的重视。

以人为本不是以某个人为本，而是以企业全体员工为本。人本管理方法也不止一种，而应通过各种方法的组合，达到最好的激励效果。

三、新经济背景下企业人力资源管理创新

（一）新经济时代

1.概念

所谓新经济时代，是指 20 世纪 90 年代后出现的、经济快速增长的大发展时代。新经济时代有三大标志：第一，知识经济崛起，知识的重要性越来越突出，各国更加关注文化教育事业，提出终身学习和终身教育的理念。第二，虚

拟经济，经济的虚拟特征凸显，可以在虚拟数据支持下完成实体交易。第三，网络经济，网络信息技术与经济领域的融合不断加深，催生了电子商务等新的经济模式。

新经济与传统经济相对，体现了历史的进步和社会的发展。改革开放以来，我国市场经济持续发展，全球化辐射效应更加明显。新经济以知识经济为基础，是经济全球化的重要表现方式。人们通过日常生活的变化时时处处能感受到新经济时代发展的威力，而企业在新经济时代则面临机遇、风险并存的局面。

2. 特点

新经济时代的主要特征有：第一，网络信息技术飞速发展。网络经济是新经济时代的标志，在互联网的作用下，社会朝着信息化方向迈进，足不出户也可遍知天下事。信息社会呈现出信息爆炸的趋势，企业需要分析整理的数据越来越多。第二，一体化趋势更加明显。各国经济互通，需求市场向全世界开放。在资源配置过程中，不论是国家还是企业必须扩大视野，更加注重其他企业、其他行业甚至他国资源的开发。新经济时代强调竞争的国际化，我国企业只有提升自身竞争实力，才能在更大的市场站稳脚跟。第三，经济发展速度加快。经济全球化势必加速经济发展，以我国为例，国内市场对国际开放，与他国经济合作逐渐增多，企业获得更大的发展空间，人才需求不断增加，技术创新步伐不断加快。

（二）新经济时代企业人力资源管理创新的必要性

1. 推动生产经营向纵深发展

新经济时代对企业提出更高的要求，如何提高管理水平，以管理机制带动经济发展，成为每个企业关注的重点问题。对企业个体而言，三大资源至为重要：第一，人力资源；第二，物力资源；第三，财力资源。其中人力资源最为重要，物力资源和财力资源都以人力资源为支撑。新经济时代强调资源的优化配置，企业需要平衡劳动力和劳动资料之间的关系，不断尝试降低人力成本，将劳动力资源转换为经济效益。在传统人力资源管理中，企业以制度约束为主要甚至唯一手段，压抑了员工的积极性，阻碍了企业的可持续发展。推动人力资源管理创新，首先要使劳动力、劳动对象相适应，弥补制度约束管理模式的不足，让每个员工都能各司其职，人尽其能。

2. 提高运作效率

人力要素是企业中最具活力的要素，每个个体都是独立存在的，都有自己的思维方式、独特情感，也有自己的个性尊严。企业担负着促进员工成长的重要职责，必须为每个员工创设良好的工作环境，激发员工潜能，发挥每个员工的聪明才智。新经济时代知识人才不可或缺，企业引进专业人才，可以创造更多智力成果，为企业赢得更大的经济效益。

新经济时代人力资源管理创新包括机制创新、理念创新、方法创新等多个组成部分。机制创新规范员工行为，增强员工责任意识；理念创新尊重员工的主体地位，满足员工的现实需要；方法创新提升员工的综合素质，提高员工劳动效率。想要促进企业发展，必须以人力资源管理创新作为先导。

3. 打造现代企业

新时代经济提出构建现代企业，首先要建立现代企业制度，优化企业管理内容和手段。人力资源管理是企业管理的重中之重，企业所拥有的人才质量越高，创造的产品越多元，竞争力越强。每名员工都承担着不同的工作职责。如企业领导者对企业的发展运营直接负责，需要提升企业的经济实力，制定严密的企业发展规划；基层劳动员工是人力资源管理的主体，需要在工作中全力以赴，完成工作任务。对人力资源管理体系进行创新，需要明确每名员工的工作职责，通过多种手段增强员工的向心力和凝聚力。

（三）新经济时代背景下企业人力资源管理创新

1. 创新要素

新经济时代，大多数企业已经认识到人力资源管理的重要性，并提出人力资源管理的现代化举措。

在人力资源管理创新过程中，应该关注两方面工作：一是培训，二是绩效考核。以培训为例，培训教育直接关系员工的个人发展，培训教育水平越高，员工的个人发展前景越好。很多企业在人力资源管理中忽视员工培训，不利于员工的个人发展。网络信息技术更新加速，人力资源管理也必须革新管理和方法。企业可利用信息科技手段，记录员工的个人信息，形成员工档案，并在档案中记录每一次员工培训的内容和成绩，不断推动员工个人发展。以绩效考核为例，企业以实现经营效益的最大化为目标，员工个人绩效越高，企业创造的经营利润越多。一些企业只关注眼前利益，忽略员工薪资待遇，挫伤了员工的工作热情，最终阻碍了企业的可持续发展。在人力资源管理中，企业应将绩效考核成绩与员工薪资联系在一起。这不仅能调动员工的积极性，还能提升员工对企业的向心力、凝聚力。以绩效评定薪资，还有助于挖掘员工潜力，以员工的自我发展带动企业的整体发展。

2. 创新举措

首先，企业应该注重理念创新。理念是行动的先导，可以指导员工的具体行为。在新经济时代，人本意识不断增强，以人为本的管理理念深入人心。企业领导层担当着企业发展的重任，需要不断更新管理理念，将员工放在企业管理的核心位置。不同员工有不同层次的需求：一些员工经济条件较好，更注重精神满足；一些员工经济条件较差，关注温饱及生活水平的提升。企业领导层应该与员工建立良好的互动关系，满足员工现实需求，解决员工的后顾之忧。

为了让员工有一个良好的工作环境，企业应该不断创新内部文化。一方面，企业可以定期举办文艺演出、年会等活动，鼓励员工参与，增强企业凝聚力；另一方面，企业要加大对企业文化的宣传力度，弘扬社会主义核心价值观。

其次，在人力资源管理创新的同时，企业应重视战略创新。人力资源管理具有战略性意义，企业应该及早设立战略管理目标，以业绩管理为主要手段。员工业绩是工作绩效的重要表现形式，也是发放薪资、奖励的依据。企业应合理设置各部门的工作任务，部门负责人再对工作任务进行细分，落实每名员工的权责。如果员工顺利完成工作任务，且业绩水平较高，企业应为这些员工提供物质奖励；如果员工没有完成自己的工作任务，业绩水平较低，企业应该对这些员工进行处罚。

为了加强员工管理，企业应该制定战略计划规划，确定绩效考核标准，并发挥模范员工的示范作用，鼓励其他员工模仿学习。为了壮大人才队伍，企业可聘请行业顶尖人才，为这些人才提供高薪酬和高福利待遇，支持有发展潜力的人才继续深造学习，从而吸引人才，为企业发展提供智力支持。

在全球化背景下，国与国之间的经济联系更加紧密，对企业发展也提出了更高要求。而企业发展的关键是人力资源管理。为了实现自身可持续发展，企业应把握新经济时代特征，大力推动人力资源管理创新。

第六章　企业文化与企业经济发展

第一节　文化与经济发展的关系

　　文化是经济发展的强大动力。当今，文化已成为推动市场发展和市场革新的内在动力，在 21 世纪经济全球化浪潮中，一个国家综合国力的增长、经济的振兴，对国家或地区文化竞争力的依赖性越来越强。促进经济的快速协调发展，不仅要进行相应的经济体制改革，而且必须提升其文化竞争力，这是促进经济社会和人的全面发展的必然选择。文化对经济发展的推动、引导和支撑作用越来越明显。

一、文化因素与经济发展的关系

（一）提升文化竞争力是内在要求，是提高生产力发展水平的必然选择

　　当今世界，文化与经济和政治相互交融，在综合国力竞争中的地位和作用越来越突出。这是对信息时代世界发展新趋势和新特点的敏锐反映和准确把握，是对文化认识上的新概括和新表述。在当今经济全球化浪潮中，一个国家综合国力的增长、经济的振兴，对国家或地区文化竞争力的依赖性越来越强。促进经济的快速协调发展，不仅要进行相应的经济体制改革，而且必须提升其文化竞争力，这是促进经济社会和人的全面发展的必然选择。

　　所谓文化竞争力，概括地说，就是各种文化因素在推进经济社会和人的全面发展中所产生的凝聚力、导向力、鼓舞力和推动力，主要表现为三个方面：一是文化创新能力。同其他领域的创新相比，文化创新具有特殊的意义。创新是文化的生命，文化产品有无竞争力，主要取决于文化创新。二是文化产业的

科技含量。文化产业的兴起，把科技、市场和文化结合在一起，赋予文化新的发展形态。文化产业的竞争越来越多地表现为科技实力竞争。大力发展高科技媒体及相关产业，推进文化产业与高新信息技术的联姻，才能提升文化产业的竞争力。三是高素质的人才。无论是推动文化创新，还是应用高新技术发展文化产业，都离不开高素质的人才。因此，提升文化竞争力的根本之点在于构筑发展文化产业的人才高地。随着科技经济的发展，文化已渗透到社会生活的各个领域，经济与文化的融合已成为当今社会发展的一种趋势，文化所产生的经济效益和社会效益越来越高。在我国，不仅经济发展需要文化来支撑，文化产业本身也已成为经济的重要组成部分。这种文化与经济的相互依存、相互促进，使文化与经济的发展呈现出明显的一体化趋势。显而易见，文化竞争力是综合竞争力的重要组成部分之一。因此，增强一个地区的竞争力，不单单是提高区域经济的增长能力，而且应该是经济、社会、文化和自然协调一致的发展能力的全面提高，尤其是文化竞争力的提高。

（二）知识经济与文化产业的发展

知识经济是高技术与高文化相结合的经济。当今时代，具有竞争力的商品和劳务，不仅具有高技术含量，也具有高文化含量。提高商品和劳务的文化含量同提高其技术含量同样重要。提高商品的文化含量是创造高附加值产品的重要途径。在提高商品与服务的文化含量中，注重弘扬民族文化，创造出具有我国独特风格和特色的商品与服务，不仅可以增强我国的国际市场竞争力，而且可以扩大中华民族文化的世界影响力和吸引力。伴随经济全球化的发展，人们在消费其他国家的商品和服务时，也潜移默化地受到浓缩其中的价值观念等文化因素的影响，文化的主体性问题同样将在商品和服务的贸易中凸显出来。

文化产业是当代人类社会新的社会财富的创造形态。在世界范围内进行的经济结构的战略性调整中，文化产业的比重日益增大，文化产业现已成为一些发达国家扩大对外贸易的主导型产业和国民经济与社会发展的支柱产业。发展文化产业已成为扩大就业的重要途径。

当今，跨国文化产业集团的影响日益增大，渗透力越来越强，跨国文化资本的全球流动和在资源配置分工的巨大作用，已经成为影响国际文化产业格局的变动、世界文化市场的走向、国际文化秩序和文化关系重组的重要力量。面对这种形势，一个国家文化产业的发展和壮大，关系到民族文化的生存和发展，关系到国家的文化安全。中国文化具有鲜明的特色，上层建筑是不断随时代发展的需要而变动的，我们是有能力随着经济基础的发展而产生与其相适应的上层建筑的。

（三）文化因素与经济发展的关系

1. 文化与经济从来密不可分

文化与经济是人类所创造的财富中的整体与部分的关系，即文化是整体，是物质财富、经济财富的总和，经济只是其中之一。生产力越发达，经济与文化的关系就越密切。从这个角度说，今后的经济是文化经济。经济的竞争，归根结底是文化的竞争。如果中华民族在文化问题上变得自觉了，把中华文化的来龙去脉搞清楚了，并且把中华传统文化和现代化结合好，可以预见，中华民族未来的民族经济一定占有举足轻重的地位。从另一个角度说，只有发达的经济而没有先进的文化，并非真正的强大；如果只谈经济，不谈文化，经济的发展也难以持久。

2. 文化渗透于经济的全过程

从经济活动中的人到对经济活动的处理，从产品的设计、生产到产品的交换以及使用，无不渗透着文化，因为经济的全过程都是人的活动。马克思说，劳动首先是人和自然之间的过程，是人以自身的活动引起、调整和控制人和自然之间物质变换的过程。简单地说，就是人主动地采取一种运动，用它来改变人和物的关系。人与人的关系，归根结底也是在劳动中产生的。而中央在决策过程和操作方法上也渗透着丰富的中华文化，在思维方式里包含很多中华文化，很重要的一点，就是因为我们不仅看到了物与物、实体经济与虚拟经济的关系，更看到了中国社会人与物、人与人的关系。

3. 经济全球化下的文化自觉

现在，经济全球化和科技现代化风行世界，这既给各国带来了快速发展的经济和良好的效益，也带来了文化一体化的问题。如果抹杀了民族特性，经济肯定会萎缩。这个问题在年轻人身上表现得比较集中，一旦民族文化衰落、消亡，民族也就名存实亡。因此，文化自觉的问题在当代历史上任何时候都更为重要且紧迫。

4. 文化自觉之后经济活动中的文化因素

当人们对文化有了自觉意识之后，就会注意经济活动中的文化因素，透视它，体现它。经济活动中的文化因素，应该包括文化的各个层次。人们通常所说的企业文化是亚文化的一支，现在企业提倡的所谓文化，基本上只来自经济本身，甚至企业本身的需要。这个问题比较普遍。只有把民族文化传统和时代环境相结合，才是骨子里的文化，并不是随经济亦步亦趋地发展。文化有其独立性，一旦形成，则相对稳定。文化除受经济的根本作用外，还受历史积淀、传统演化等多种因素的影响。一个地区过去经济发达，后因多种因素落后了，其文化影响力仍可能因惯性持续很长时间。一般来说，先进的文化造就发达的经济，落后的文化只能伴随贫困的经济。

经济与文化一体化是当代社会发展的大趋势。现代市场经济绝不是没有主体的单纯经济运作过程，而其主体就是具有健全的经济理性和道德约束的人。经济发展离不开人的文化素质的提高，一定的经济土壤必然生长出与之相适应的文化。文化产业已经成为当代产业结构中的重要一环，虽属第三产业，但又依托一、二产业，具有极大的经济潜力，对于丰富文化生活、提高公民素质，促进经济发展具有重大作用。

当今世界逐步进入文化经济时代。在这个时代，文化与经济已经密不可分，经济的文化和文化的经济化已成为重要的全球趋势，文化对经济发展的推动、引导和支撑作用越来越明显。大到区域经济发展战略和产业政策的制定，小到企业生产管理和名牌产品的创立，既是经济活动，也是非常复杂的文化活动，需要文化的力量和智慧。甚至一个国家或地区的经济发展模式和产业结构特点，都突出相当的文化背景和人文因素。在我国，发展社会主义市场经济，既是经济建设课题，也是社会科学文化建设课题。没有文化的协调发展，经济伦理和经济规范确立不了，经济建设就难以搞好，社会主义市场经济体制也建立不起来。正是从这个意义上说，现代市场经济就是文化经济，就是知识化经济，就是文化知识作支撑的经济。发展文化经济，提高企业及其产品的文化含量，提升产业结构的文化层次和品位，已成为提高国民经济整体素质和重要途径，成为推动经济增长和生产力发展的内在动力。我们必须十分注重经济增长的文化内涵，进一步发挥文化因素在经济社会发展中的重要作用，加快发展文化产业，不断提高产业层次和经济发展质量，为提前基本实现现代化提供强大的文化动力。

二、"四位一体"的辩证关系

①经济建设为社会主义政治建设、文化建设、社会建设提供物质基础。也就是说，经济的发展是其他方面发展的物质保障。②以发展社会主义民主与法制为主要内容的政治建设为经济建设、文化建设和社会建设提供政治保证。没有政治建设，就不能充分调动人民群众的主动性、积极性和创造性，就没有一个以健全法制为保障的发展环境，其他三方面的建设就不能顺利开展。③文化建设，就是大力发展科技教育，加强思想道德建设，为经济建设、政治建设、社会建设提供思想保障和智力支持。先进的文化建设，符合"三个代表"的重要思想，可以形成全社会共同的精神支柱。④社会建设，主要是正确处理人民内部各阶层之间的利益关系，激发社会活力，促进社会公平和正义，维护社会安定团结，形成全体人民各尽其能，各得其所而又和谐相处的社会，为其他三个方面的建设提供良好的社会环境。和谐的社会环境，为其他三个方面建设的顺利推进起到了良好的润滑作用。需要强调的是，"四个建设"中经济建设仍然是第一位的，这与我国社会主义初级阶段的中心任务是相一致的。科学发展观要求发展要以人为本，统筹经济社会发展。"四位一体"发展目标，就是其具体的体现。强调"四个建设"全面协调发展，有利于促进经济社会和人的全面发展。

三、生态文明建设与经济发展的关系

生态文明：生态文明是在工业文明之后的相对于物质文明、政治文明、精神文明的一种文明形态，是人类改造生态环境、实现生态良性发展成果的总和。狭义的生态文明着眼于人类同自然的和解，而广义的生态文明还要求实现人类本身的和解。

经济发展：经济发展和经济增长不是一个概念。经济增长只是一种物质的吸收和累积所表现出来的数量性增加，而发展是一种质量性的改进和潜力的实现。通过从有限的环境中汲取和积累物质而达到的经济规模的数量性增加是不可持续的，而质量性改进和潜力的实现则可永远持续。

随着市场经济体制改革的深入，人们的思想认识、价值趋向发生了剧烈变化。越来越多的企业认识到文化与经济发展联系的重要。

（一）文化与经济的辩证关系

文化与经济发展构成了文化经济一体化。一方面，文化具有创造性功能。可以把文化规律用于生产，以促进经济的发展，从而使文化功能经济活动转化为有形的经济价值。另一方面，经济的发展又给文化水平提高奠定了丰厚的物质基础，使文化经济发展实现良性循环，相互促进，相得益彰。

1. 经济的发展离不开文化的外部包装

经济基础决定上层建筑，文化适应社会经济的发展。而经济的发展是离不开文化的，更离不开文化的外部包装。作为一定形式的生产经营活动，如果借助文化的优势和力量进行外部包装，无疑对企业自身形象起到意想不到的作用。

2. 经济的发展离不开文化因素的外力，这种文化因素的外力主要靠的是宣传

每一种产品在成为商品之前，有一个转化或运行的过程。这个过程一般由两种因素构成，一种是通过宣传形成的直接动力，另一种是政府指导形成的潜在动力。宣传形成的直接动力，本身就体现了纯文化的特征。事实说明，现代经济发展过程中，企业的产品一刻也离不开运用多种传媒进行知名度的宣传。

例如，黑龙江省齐齐哈尔市举办的观鹤节、龙沙冰展，哈尔滨市举办的冰雪节等，都对地方的经济发展起到一定作用。大型经济活动与大型文化活动同步举行，杜绝了枯燥乏味的产品宣传，使供销交易与经济洽谈置身于万花筒般的艺术世界，富于人情味，吸引力强。文物资源、人文景观及民间艺术的开发，对游客万里跋涉而来有着非同小可的魔力。因此，宣传这种外力对经济的推动力就显而易见。

3. 经济发展渴求文化渗透的升温加热

尽管我国各地生产力水平很不平衡，但总的来说，经济建设与文化建设的相互依存关系更充分地凸显出来，经济成果越来越高。劳动者由体力型变成机械型，再向科技型演变；劳动手段由单性能的工具变成机器体系，再向电脑调控的智力机器体系演变。所以，经济发展不再只是经济部门的事，它从深层呼吸到文化的渗透，文化的渗透同样顺应了这种呼吸，使一切生产和经济活动与

特定的文化背景产生交融，生产者的文化素质、生产单位及社会的文化活动更紧密地融合在一起。

（二）文化、经济存在的问题与对策

经济发展离不开文化说明在加强经济建设的同时，一刻也不能忽视文化建设。但从当前的实际状况来看，现有的文化格局、文化管理体制和文化传统观念等，还不能适应经济的发展，出现了新情况和新问题。这些问题归根结底就是认识问题。一是一些人认为文化属于文化事业，无非是看、玩、乐等纯消费，它同经济建设毫无关系。二是一些人认为我国当前仍然是一个经济文化落后的国家。应先发展经济，然后再搞文化建设。三是一些人把文化当作"软指标"，很少投入。四是文化管理水平不高。五是文化经济政策不够完善。

1. 树立科学的文化观念

科学技术是文化和经济发展的基础与载体，我国古代的灿烂文化以及辉煌的现代文化都说明了科学与艺术的发展是相互依存、兴衰与共的。因此，文化观念是人们行为的先导。没有现代科学的文化观念，在高科技的今天也不会产生高效益的经济行为。

2. 加强对文化经济一体化的研究

要坚持中国特色社会主义理论。结合我国国情加强对跨世纪文化的预测研究。根据"奔小康""三步走"的战略方针，制定出切实可行的文化发展战略目标，以适应我国的经济发展和社会发展。

3. 发挥文化为经济服务的作用，促进经济发展

充分挖掘当地的文化资源。弘扬民族传统文化，展示当地文化特色，以此推动外向型经济发展。

4. 加强文化市场的建设和管理

要发展健全的文化市场，为广大人民群众特别是为广大青少年创造一个良好的社会环境。对娱乐市场、音像市场、书刊市场，要一手抓繁荣，一手抓管理，只有这样才能实现精神文明重在建设。

5. 加大对文化建设的"硬投入"

各级政府应尽可能地对文化建设给予财力、物力以及人力上的投入，以保证文化建设不断地向前发展。完善各项文化政策，包括电影、文化馆、图书馆

等各个文化领域的有关政策，更好地发展相关事业，增强文化事业的生存能力和发展能力。提高文化工作者的思想素质，强化文化队伍的自身建设，使文化工作者适应快速发展的文化事业，高质量地完成各项文化工作，把文化事业推向一个新的高峰。综上可见，文化事业的发展离不开经济基础，经济的快速发展带动文化快速发展。而文化的快速发展反过来也能促进经济更快发展。只有这样，才能使我国早日赶上和超过世界发达国家的水平。

（三）文化与经济的交集就是文化产业

1. 文化为经济发展提供"引擎"

文化与经济的交集就是文化产业。文化产业是极具发展潜力的朝阳产业，同其他产业相比，具有低能耗、无污染、文化资源能在使用过程中不断积累和增加价值等特点，是新的经济增长点。一般地说，经济社会发展程度越高，文化对于综合国力的贡献就越大，占 GDP 的比重就越高。

企业文化的出现足以证明文化在经济生活中的重要地位。成功的现代企业往往有其自身的企业文化，这是企业的核心软件，通过企业文化的强大凝聚力、感染力、亲和力聚集人心，创造企业文化形象的高附加值产品，企业之间的竞争、兼并或广告宣传大都在文化层面展开。

2. 文化为经济发展提供"燃料"

人是生产力中的决定性因素，以人为本，进一步激活人的潜能，可推动社会生产力向前发展。文化是实现人的自由和全面发展的重要条件，人越是发展，创造的物质文化财富就越丰富。现代社会中经济发展越来越离不开高素质的人才，离开高素质人才的经济就像没有燃料的汽车。何为高素质人才？除了应该具备精深的专业水平，还必须有良好的人文精神和丰富的艺术修养，才能真正创造出自己独特的东西，成为杰出的人才。恩格斯在《〈自然辩证法〉导言》中列举了文艺复兴时期的巨匠丢勒、马基雅弗利、路德等，他们都会说四五种语言并在几个专业上大放光芒，如达·芬奇不仅是大画家，还是大数学家、力学家和工程师，在物理学的各种不同部门中都有重要发现。按照科学发展观的要求，坚持以人为本，落实广大人民群众享受文化公共产品的权利，保护和发挥广大人民群众的创造性，激发广大人民群众的创新热情，是我们发展社会主义经济和文化的根本出发点和落脚点。

第二节　企业文化对企业经济的影响

一、浅谈企业文化对企业经济管理的影响

企业文化是一个组织由其价值观、信念、仪式、符号、处事方式等组成的其特有的文化形象，是企业的灵魂，对提高企业凝聚力，指导员工言行有十分重要的作用。特别是近年来，随着我国经济的发展和国际化交流的加深，加强企业文化建设已经成了现代企业制度建立的重要标志，因此，有效地提高企业文化对企业经济管理的积极作用对实现企业持续发展具有十分重要的意义。

（一）企业文化建设对企业经济管理的积极作用

在传统的观念中，企业之间的竞争必须有规范合理的经济管理制度作为保证。但在新的时期，企业之间的竞争已经变成企业软件、硬件等相关因素的综合性比拼。企业文化是现代企业发展必不可少的因素，能够为企业提供良好的软环境，凝聚员工思想，形成统一的企业价值体系，从而为企业生产经营等活动提供保障；企业经济管理为企业发展提供必需的硬件条件。同时，健康、经济的企业文化能够极大地促进企业经济管理质量效益，使其达到事半功倍的效果。

1. 企业文化使经济管理更具认同性

经济管理作为一种管理模式，规范性和严肃性是其本质的特点。而作为被管理者，自然而然会产生一种抵触情绪，造成管理效益的低下，因此，一直以来，国内外大型企业都在寻找能够使经济管理成为企业员工自觉行动的方法。在这样的背景下，企业文化以其对员工思想观念、价值观所产生的巨大影响，使企业通过企业文化的熏陶，使员工将自身利益与企业利益进一步统一起来，从而将被动的遵规守纪变为主动的行为，提高对企业经济管理行为的认同感。

2. 企业文化使经济管理更有推动力

企业里每名员工的人生经历不同、学历背景不同，因此形成不同的价值观和人生观。对于企业而言，就是要通过经济管理的一系列活动来规范和统一员

工言行，从而形成合力，使企业发展具有足够的推动力。经济管理作为一种硬性的管理行为，难以对每个员工的思想和行动采取针对性措施，而企业文化则可以通过对员工思想的渗透来规范和调整其观念，从而使经济管理行为变为员工自觉的行动，推动经济管理的落实。

3. 企业文化使经济管理更有互动性

经济管理的模式就是一种从上至下的单方向的管理行为，其强调的是企业管理层对被管理者的制约和管理，易使管理对象产生不良情绪，同时一些企业基层和一线的情况没有良好的渠道向企业管理层进行反馈。而企业文化通过对员工思想的改造，促进其主动地向企业反馈意见和建议，对经济管理的效果进行反向传递，使经济管理更具针对性和实效性。

（二）企业文化对企业经济建设的促进作用

1. 企业文化建设促进企业经济发展的作用

企业文化在企业的建设发展过程中能否很好地发挥作用，是否促进企业经济的发展进步是最好的检验方式。企业的成功归根结底是企业经济的发展进步，建立起适应经济发展的企业文化是关键，规范的企业文化，是企业适应环境变化和发展需求及企业各层次成员的共同需求。企业文化从企业的层面来看是企业所依赖的一种文化价值观念，企业是社会经济发展中的一个经济实体，企业中进行的是经济活动，一切都是围绕生产活动和经营活动展开的，追求的是经济价值和社会效益。企业文化是企业经济发展的深层推动力，用文化手段促进国际经济贸易，已经成为发达国家的国际营销手段和艺术。经济的发展进步离不开企业文化的良好基础，需要建立优秀的企业文化，才能很好地促进企业的经济发展。

2. 企业文化建设提高企业的凝聚力和竞争力

凝聚力和竞争力是一个企业发展进步的关键因素，只有整个企业的全体员工具有良好的凝聚力与向心力，才能更好地推动企业的发展进步。企业文化建设提高企业的凝聚力与竞争力，进而增强企业生存能力和经济效益，使企业更好地立足于激烈的市场竞争中。企业文化是企业在生产经营中培植、创造形成的，是企业经过长期的生产发展的内在产物，包括确立企业的核心价值观、培养员工的技术和才能、激发企业全体员工对哲学和价值观的献身精神以及形成技能与文化融合、强化文化的渗透等方面。企业文化为企业发展培育精神动力和智力支持，在很大程度上促进了企业全体员工的向心力和凝聚力，进而大大提高企业的综合效益和竞争能力。

3. 企业文化的建设有助于树立良好形象

在市场竞争日趋激烈的现代社会，企业必须注重塑造自身的企业形象，塑造强大的企业品牌，提高企业信誉，使企业长盛不衰，在竞争中立于不败之地。企业的经济活动中的产品、质量、利润等构成了企业形象的骨骼，每个员工构成了有血有肉、活生生的企业形象。必须积极培养企业全体员工的企业文化素质，提高企业全体员工的特色企业精神，严格企业产品质量管理体系，提出"质量是企业的生命、质量是进入市场的通行证"的口号，将企业的良好形象、品牌树立起来并发扬光大，使企业焕发出强大的生命力，进而更加地稳步提高经济效益和社会效益。

4. 企业文化有利于和谐社会的构建

企业的健康发展进步，是构建社会主义和谐社会的重要基础。构建社会主义和谐社会必须抓好企业的经济发展，具有与之相应的物质基础。企业作为社会的一分子，必须充分调动一切积极因素，大力推进技术创新、知识创新、管理创新和制度创新，发挥重大作用。在现代社会，企业的发展离不开企业文化，世界上每个优秀企业的成功背后都有独特的企业文化。企业文化建设不仅有利于精神文明建设的发展，同时也可以促进企业的发展进步，有利于物质文明建设的发展，成为构建社会主义和谐社会的重要环节，对构建和谐社会有重要的基础作用。

（三）企业文化建设的必要性

企业文化建设是一个企业不断发展进步的不竭动力，为企业的健康发展提供有力的思想基础与精神文化基础，为企业的发展进步把好关。企业文化不仅可以反映企业的精神面貌，提高劳动生产力和员工素质，起到导向、凝聚、协调、规范、鼓励的重大作用，还是提升企业形象、推动企业发展社会进步的关键性因素。提倡企业文化建设，深化企业改革、增强企业活力、推动企业发展，新形势下，建立起一种适应社会主义市场经济体制发展、适应现代化科学技术发展的企业文化尤为必要。

企业文化是社会经济长期发展进步的产物，是企业长期开展经济活动的智慧结晶，可以不断地促进企业建立良好的社会形象。企业文化建设对企业的经济发展与企业在社会发展中的地位将起着越来越重要的作用。企业文化建设需要根据企业自身的发展情况不断总结、完善、创新和升华，发挥企业文化建设的全面积极作用，实现使企业充满生机和活力、稳定及高效发展的目标。

（四）提高企业文化对企业经济管理积极影响的举措

企业文化对企业经济管理的巨大推动作用，要求企业上下必须将企业文化建设作为促进经济管理质量的重要方法加以认真落实，针对以上企业文化建设中存在的问题，应当做好以下几方面工作，从而实现企业文化对企业经济管理的促进。

1. 企业文化要将经济管理作为建设目标

企业经济管理是实现企业经营战略的具体举措，因此企业文化建设同样要严格按照企业经营战略的要求，服务于企业的发展，将企业经济管理作为文化建设的目标。一是企业文化建设要与企业管理制度相结合。企业经济管理作为一个系统工程，包括企业生产经营活动的方方面面，特别是市场竞争的日益激烈使经济管理工作要求更高、标准更严，但这种管理模式只是硬性的规定，缺乏对员工思想的影响，因此企业文化能够很好地解决这一问题，能够与管理制度相互补充。二是企业文化要渗透到经济管理每个环节。企业文化作为企业精神的浓缩只有渗透到经济管理的每个环节才能真正发挥作用，促进企业经济管理目标的达成。

2. 企业文化要将以人为本作为建设基础

在新的历史时期，企业间的竞争已演变成人才的竞争。企业经济管理行为的落实依靠的是人才。因此，企业文化建设同样要树立以人为本的观念，通过对人的培养实现经济管理水平的提高。一是统一员工思想。企业员工背景不同，因此企业文化建设要将统一员工思想作为工作的基础和关键，通过培养统一的企业价值观，为企业经济管理奠定基础。二是和谐人际关系。就是在上下级之间、部门之间构建良好的人际关系，通过共同目的来感召员工。三是培养员工素质。企业文化要有积极向上的精神内涵，能够激励员工不断进步，从而为企业的发展提供动力。

3. 企业文化要将注重实效作为建设手段

企业文化要注重实际的建设，摆脱当前存在的形式主义问题。一是制订详细的企业文化建设计划，能够拿出具体可行的举措促进企业文化的形成，从而发挥企业文化应有的作用。二是能够贯彻企业经济管理各个环节，从企业高层到普通员工，都能自觉地遵循企业文化的宗旨，在生产经营各个环节、各个领域都能够体现企业文化的精神。三是企业文化要将沟通交流作为建设重点。建立上下畅通、及时高效的沟通渠道，确保企业员工能够及时反映企业一线的信息，确保企业管理层能够详细掌握真实信息，为经济管理提供数据支撑。

二、企业文化对振兴企业经济的影响

当今社会，文化在促进企业的经济发展中发挥着越来越大的作用。当前不仅要从战略的高度重视文化建设，而且要正确地把握文化与经济相互交融的发展趋势，深刻认识企业文化对振兴企业经济影响的重要性。

（一）企业文化与企业经济相互交融是社会发展的客观趋势

1. 经济的角度

只有实现物质生产力的发展和经济的发达，才有文化的昌盛，这是经济社会发展的一般规律。当前，我国社会消费需求的新变化，一方面要求企业生产出更多更好的文化精神产品，来满足广大人民群众在文化、精神上的需求；另一方面则要求物质产品中的文化含量不断提高。实践证明，企业生产出的产品中的精神文化含量愈高，其经济附加值就愈高。

2. 文化的角度

随着社会主义市场经济的深入发展，文化在保持其意识属性的同时，其产业属性也愈加明显。一方面，在文化产品生产和服务的过程中，价值规律、市场机制等经济因素的作用越来越大，文化产业和社会化大生产已成为现实，文化产业已普遍具有生产、流通、交换、消费等市场条件下经济运行的基本特点；另一方面，随着高新技术尤其是数字技术、网络技术的广泛运用，文化产品的生产效率将越来越高，文化传播的力度将越来越大，文化的覆盖面将越来越广，文化的表现力和感召力将会得到空前的发挥。

3. 文化作为一种精神力量，越来越成为经济社会发展的重要动力

随着社会的规范化发展，人类文化素养的进一步提高，文化在综合国力竞争中的作用确实越来越突出，甚至具有全局性的决定意义。因此，面对文化与经济相互交融的发展趋势，我们应当切实把握企业文化与企业经济的辩证关系，更好地发挥文化在经济发展中的支撑作用。

（二）企业文化将对企业经济产生重大影响

1. 企业文化影响企业经济中生产要素的质量

企业文化影响企业经济中生产要素的质量，尤其影响作为生产要素中最重要的因素——创业者和普通劳动者的素质。劳动者具有什么样的文化背景，有什么样的价值观念，会极大地影响他们对待生产劳动的态度从而影响工作的质量。所以精神气质是人力资本不可忽视的组成部分。是否具有坚忍不拔、百折不挠的创业精神，是否能够承受创业活动的辛劳，这和文化有十分密切的关系。衡量一种文化能否对创业有积极的促进作用，核心的标志在于这种文化能否培育大批具有创新精神和创业能力的企业家。

2. 企业文化影响企业经济活动的软环境

从具体内容来看，企业文化表现为与民众参与经济活动过程中有关的思想理念、价值标准和精神状态，即民众个体的价值观，这是企业文化的微观内容；企业文化也包括鼓励并支持民众参与经济活动的环境和制度，这是它的宏观内容。在硬件条件一定的前提下，企业经济发展的主要决定因素就是一个企业的软环境。软环境本质上是人的素质问题，软环境的好坏影响市场秩序、投资水平和经济发展的可持续性。

3. 企业文化影响企业经济的产业结构

具体来说，又表现在三个方面，第一，特定的文化类型决定了特定的企业组织形态。第二，文化的类型决定了产品的品质。劳动者的文化水平、道德水平、个人爱好以及鉴赏能力，都有可能摧毁或者挽救一个产业。第三，消费者的水平将是产品竞争力的主要因素。消费者已经不再是被动的产品的接受者和使用者，消费意识和消费品位对企业的产品开发和技术改造产生强大的影响。理性的消费者是一种竞争力的源泉，是一种重要资源。

（三）建设先进的企业集团文化，促进企业经济振兴和协调发展

充分发挥文化的教化功能，塑造蓬勃向上的人文精神，为振兴集团经济发展提供强大的精神动力。文化是人类历史发展过程中创造的伟大成果，作为其核心内涵的理想信念、民族精神、道德风尚和行为规范等，基本功能就是教育人、引导人、培育人、塑造人，为经济社会发展提供持续的、稳定的、不竭的精神动力。建设企业文化是一项重要任务，就是要在企业内部塑造蓬勃向上的人文精神，为振兴企业经济发展提供强大的精神动力。第一，要着力形成创新发展的思想理念。第二，要着力塑造积极向上的人文精神。第三，要着力营造健康祥和的社会风尚。

充分发挥文化的支撑功能，促进文化与经济融合，为振兴企业经济发展培育新的增长点。当代经济发展的一大特征，就是文化对经济的影响越来越大，经济与文化的相互作用日趋明显。经济是文化发展的基础，文化是经济发展的重要支撑力量。发挥文化的支撑功能，重点是促进文化与经济的融合，既要增加经济中的文化含量，又要增加文化中的经济含量，从而促进经济与文化的良性互动发展。

企业成功的关键是建立适应经济发展的企业文化。企业文化为企业管理提供方向、动力及精神文化资源；可以说，企业文化是企业的根系，是企业的灵魂，是企业发展和延续的血脉。

第三节　企业文化特征与企业建设发展

企业文化是一个企业在长期经营实践中凝结起来的一种文化氛围、企业价值观、企业理念、企业精神、企业制度、经营境界和广大员工所认同的道德规范和行为方式。企业文化的运行机理是，实行"以人为本"的管理，通过培育具有时代意义的企业价值观、体现时代精神的企业精神，塑造团结和谐、积极向上的人际关系氛围和文明健康的环境氛围，来激发员工群体的积极性，提高员工素质，推动企业可持续发展。企业文化是企业精神与企业价值观的人格化。

企业要努力培育"生死与共"的价值观，使企业全体员工增强主人翁意识，能与企业同呼吸、同成长、同发展、共生死，做到企业精神与企业价值观的人格化，实现"人企合一"。因此，企业文化对企业长期经营有重大的作用。

一、搞好企业文化建设决定了企业的发展和未来

企业文化是在一定的社会经济条件下，企业在长期的生产实践过程中，逐渐形成和发展起来并为绝大多数成员所认可、遵循的价值观念、企业团队精神、工作作风和行为准则等，它是一个企业以物质为载体的精神现象。如何塑造企业文化，最大限度地激发企业的活力，使企业立于不败之地，成为人们关注的焦点。

（一）企业文化要注重树立良好的企业形象

企业的知名度与美誉度有机结合即构成了企业在公众中的形象。企业形象直接与企业的兴衰、优劣相联系。良好的企业形象，是企业一笔巨大的无形资产，声誉显著者，能吸引更多投资、招揽到更多人才和顾客。21世纪，企业竞争除了人才与科技的竞争以外，企业形象将对企业的发展起到至关重要的作用。

（二）培养企业精神增强企业凝聚力

"人心齐，泰山移。"培养企业精神增强企业凝聚力是企业文化建设的核心部分。它要求企业在经营管理实践中培育能表现本企业精神风貌、激励员工奋发向上的集体意识，并以此引导员工树立正确的价值观念，强化职业道德。企业组织成员的自我价值的实现，都有赖于组织成员之间的相互协作，有赖于企业的发展。协作与团队精神培育是企业文化建设的基本要求，它包括管理人员和员工的感情紧密度、团队精神、向心力等。任何一个有文化内涵的企业，都会建立一种感情投资机制。管理者在管理中应尊重对方，与员工建立起信任情结，有了这个感情上的纽带，企业员工对管理人员就有了感情依附意识，管理就比较顺畅；同样，企业管理人员也要充分尊重员工的人格。21世纪，企业竞争除了人才与科技的竞争以外，企业形象将对企业的发展起到至关重要的作用。

（三）建立高效的激励机制调动员工积极性

激励的作用：激励一方面可以调动员工的工作积极性，使其能为企业做更多工作，另一方面可以对员工进行引导，鼓励员工做正确的事，使员工素质有所提高，从而使人才增值。

激励的方法：激励可以通过满足员工物质需求和精神需求两种方法实现，满足物质需求可以通过工资、奖金、福利等多种方式实现，满足精神需求可以通过提供晋升或发展机会、感情关怀、工作成绩认可等方式实现。

企业要保持永久的创造力，必须建立激励机制。将调动员工积极性当成企业的日常经营管理行为，在企业中营造一种尊重创新、尊重人才的文化氛围，使每个员工都能从中产生事业的成就感。

（四）注重企业价值观的人格化和"人企合一"的境界

价值观是企业文化的核心，而"英雄人物"则是企业价值观、企业精神的人格化。在"英雄人物"中有"共生英雄"的提法，值得重视。"他的心在企业，企业在他心中"，这就是企业"共生英雄"的概括。这样的人，与企业同呼吸、同成长、同发展、共命运。实现这种"人企合一"的境界，创造、构建这样的文化氛围，对于发挥员工的主动性、积极性、创造性极为重要。

良好的企业文化氛围能增强企业人才的归属感和认同感。企业"公平、平等、竞争、择优"的用人原则；制度规范、透明公正、运行有序的用人方针；和谐的工作环境等都能赢得人才的忠诚，使其心甘情愿地充分发挥自己的才能，为企业的发展奉献自己的一切。

二、企业文化在企业市场竞争中的重要作用

随着市场经济的快速发展，企业之间的竞争不断加剧，企业要想在激烈的市场竞争中立足，就必须不断改革发展创新，提高市场竞争力。企业文化作为企业制度中的一个重要组成部分，对于促进企业发展，社会经济繁荣起着至关重要的作用，尤其是 21 世纪的知识经济时代，企业要想获得长远发展就必须充分重视企业的文化建设，积极调动企业文化在市场竞争中的作用。

（一）优秀的企业文化，对于企业的存在和发展有非常重要的作用

1. 有利于企业扩大产品知名度，占据市场份额

企业文化在市场竞争中所体现的价值是不可估量的，它可以形成企业巨大的凝聚力、亲和力和战斗力，这种效果，是单纯的硬件设施和工资福利手段所达不到的，使顾客的反映和需求在其技术创新、个性化设计的延伸服务上体现出来，从而提高用户对产品品牌的忠诚度和满意度，最终扩大市场份额。

2. 有利于提升良好的企业形象

企业文化决定企业的形象，实施科学的企业形象管理，需要企业文化的支持。企业形象管理的成果又会凝结成企业文化，融化在员工的思想中，支配着员工的行为。成立于 20 世纪 80 年代的深圳华为公司，如今成为中国电子信息百强企业，只用了几十年时间。集团总裁任正非认为，是强烈的企业危机感意识造就了今天的华为。危机迫使我们谋求独立，谋求独立又需要依靠科技，于是，技术成为企业的发展根本。正是秉承"危机意识"理念，华为才有了今天中国通信行业领头羊地位，也使得欧美一些电讯公司刮目相看。

3. 有利于提高企业绩效

美国哈佛大学约翰·科特教授和詹姆斯·赫斯克特教授深入研究了企业文化与经营业绩之间的相关性。他们的研究成果表明：企业文化对长期经营业绩有重大的作用，企业文化在决定未来成功或失败方面是一个重要因素。一般分析而言，可以得到较为普遍的结论：企业经营业绩与其企业文化之间，存在一种正比例关系，企业文化对企业的影响程度越大，企业的经营业绩越好；反之，则企业的经营业绩越差。优秀的文化帮助企业取得高绩效，这是因为这种文化能产生不同寻常的激励效果，能使员工感觉到为公司工作是有益处的，同时，员工对公司更有责任心、更为忠诚，员工会觉得他们的工作更有回报。

（二）中国企业如何塑造企业文化建设

面对世界经济一体化，企业文化的创新已成为企业创新不可分割的重要组成部分。要发展有中国特色的企业文化，就需要从理论和实践两方面来把握中国企业文化的发展方向，要加强企业文化的研究，创建有中国特色的企业文化理论。

1. 价值标准的界定

正确的价值观是塑造企业文化的首要战略问题。要立足于企业自身的基础，如行业特点，企业成员的构成，以及经济、法律意识等，选择适当的价值观和经营理念，否则，企业不被他人所认可。同时，要把握好价值观与企业精神、企业形象等各要素之间的相互协调关系，使价值标准与企业宗旨、管理战略和发展方向相统一。

2. 不断创新

只有创新企业才有活力，才能发展，才能增强竞争优势。海尔文化的核心是创新。它是在海尔二十年发展历程中产生和逐渐形成的特色文化体系。海尔文化以观念创新为先导、以战略创新为方向、以组织创新为保障、以技术创新为手段、以市场创新为目标，随着海尔从无到有、从小到大、从大到强、从中国走向世界，海尔文化本身也在不断创新、发展。

3. 加强企业文化研究

21世纪，中国企业文化的研究应该坚持理论研究与应用研究相结合、定性研究与定量研究相结合的原则，主要侧重于在中国文化背景下，探讨中国企业文化的基础理论，研究企业文化与中国传统文化和当代社会文化的关系、企业文化与企业管理、企业环境、企业发展和企业创新的关系等，提出有中国特色的企业文化理论；同时加强企业文化的应用研究，关于企业文化的测量、诊断、评估和咨询的实证研究，在此过程中，推动企业文化实践的发展。

4. 正确处理好企业文化与社会文化的关系

企业文化作为社会文化的一个重要组成部分，它既是社会文化变迁的缩影，又通过其新技术、新产品所倡导的理念引导市场潮流、引领社会时尚，改变人们的生活方式和观念，从而为社会文化的发展注入新的活力，丰富社会文化内涵。社会文化通过企业家这个载体，将其在长期社会生活中形成的关于人性的基本假设、价值观、人生观和世界观运用于企业发展和企业管理过程中，形成独特的、相对稳定的行为准则、行为规范、企业内部的文化氛围和企业产品的文化品位。

5. 注重企业环境变化对企业文化发展的影响

21世纪是个快速变化的时代。企业要立于不败之地，就要在其发展战略、经营策略和管理模式方面及时做出相应的调整，企业文化的内涵也要反映出环境的复杂性和紧迫性所带来的挑战与压力，对企业内部要保持较高的整合度，对外要有较强的适应性，通过对企业主导价值观和经营理念的改革推动企业发展战略、经营策略的转变，使企业文化成为蕴藏和不断孕育企业创新与企业发展的源泉，从而形成企业文化竞争力。

发展中国的企业文化一定要立足于中国文化的背景，结合我国企业管理实践和现代化进程，同时也要借鉴国外关于企业文化研究的理论和方法，建设有中国特色的社会主义的企业文化。

三、提高企业文化建设与发展的途径

（一）政府应加强对企业的"文化扶持"

近年来，各级政府对企业的发展日益关注，在立法、政策、融资、人才等方面给予了大力扶持。可以说，企业能够蓬勃发展，政府的扶持功不可没。现代管理学研究成果揭示，企业文化在企业培育自身的核心竞争能力的过程中起着重要作用，在特定时期，能起到决定作用。因此，国家应引导企业建立健康积极的企业文化，并大力促进我国企业文化的研究和普及工作，在文化研究和企业之间架起一座桥梁。针对企业极为缺乏文化建设所需人才的现实困境，国家可以利用研发机构或建立专门组织为企业先义务代培文化建设骨干，投资不大但意义显著。针对企业伦理建设尚不规范的情况，政府应积极结合精神文明建设的具体措施，制定法律，营造氛围，促进企业的伦理建设，将企业建设成为发扬社会主义精神文明和维护社会稳定的"桥头堡"。针对我国企业在对外贸易中的作用日益增强的情况，政府还应积极引导企业熟知 WTO 的各项规范，并积极发挥民族传统文化提升企业在国际竞争力中的作用。

（二）研究学者应注重对企业文化普及

企业文化作为一种主流的管理思想最早出现于日本。20 世纪 70 年代末，美国管理学界通过对日本企业在国际市场上迅速崛起原因的分析和通过对美日企业经营特点的比较，认为美国企业若想超过日本同行，必须进行文化改造，从而首次提出了"企业文化"这一概念。美国企业文化研究者根据美国企业在文化建设中所面临的实际问题不断变换研究重点，先后提出了建立创新型团队和学习型组织等建议，为美国企业的发展注入了蓬勃生机和活力。我国的企业文化建设同样离不开文化研究者的推动。文化研究者应结合我国企业文化建设所遇到的实际困难，不断总结经验和反思问题，并提出切实可行的指导方案。针对我国社会各界对企业文化尚不了解的现实状况，文化研究者应利用著书立说、大众传媒等手段积极呼吁。针对我国企业分布广、数量多、远离学术传播网络等特点，我国的企业文化研究者可以利用到各地讲学、举办各种培训班、进行远程咨询等方式积极促进企业对文化的了解。

（三）企业应不断推进自身文化的变革

企业文化变革需要企业建立一种开放性、学习性的团队文化。这种文化的建立必须有一个明确的经营宗旨，否则，文化的变革将无动力和发展方向。此外，企业文化建设的关键在于企业家对文化建设意义的了解和方法的熟识，企业家必须在其中发挥导向作用，不断地加强自身的学习，尤其是要建立同管理学最新进展共同前进的同步关系。针对我国企业对人才吸引力差的状况，企业文化建设的重点还应放在对自身人才的培养挖掘和对外部人才的吸引和挽留上。因此，企业文化氛围应力图给员工以使命感、光荣感和自豪感，并建立完善的人才考评和激励机制。

伴随中国企业市场化程度的日益加深，对中国企业的外部适应能力和内部管理整合能力提出了新的挑战。以企业文化为纲，开辟一条真正的企业文化管理道路，对中国企业的系统变革和绩效提升无疑是值得坚持和笃行的管理之道。

第七章　企业经济可持续发展

第一节　企业可持续发展概况

企业的发展目标是一个历史演变过程，从传统的经济条件下追求产值最大化，到市场经济条件下追求利润最大化，再到现代经济条件下追求企业可持续发展，是一个循序渐进的发展过程。对于任何一个企业来说，可持续发展都是其追求的目标。

一、概述

企业可持续发展，是指既考虑当前发展的需要，又要考虑未来发展的需要，不要以牺牲后代人的利益为代价来满足当代人的利益，作为一种全新的发展观，它是对发展单纯地理解为经济增长的旧观念的否定，它在时间上体现了当前利益与未来利益的统一，在空间上体现了整体利益与局部利益的统一。它要求实现由数量增长向质量效能的转变，在经济增长方式上体现为粗放型向集约型转换。由满足当前发展成果的积累向注重持续发展、关注未来发展转变。

企业可持续发展战略是指企业在追求自我生存和永续发展的过程中，既要考虑企业经营目标的实现和提高企业市场地位，又要保持企业在已领先的竞争领域和未来扩张的经营环境中始终保持持续的盈利增长和能力的提高，保证企业在相当长的时间内长盛不衰。

企业可持续发展在国际上获得共识，如全球报告举措，主要强调信息管理、投资者、顾客、拥护者、供方和员工不断地进行对话，联结企业离散和孤立职能的媒介——金融、市场、研究和开发以及为供应链、规章的沟通和声誉及品牌管理可能产生纠纷的地区以及不可预计的机会提供了信标、持续发展能力报告，帮助管理者增强评估其对自然、人和社会资本贡献的能力，降低公开商业企业共享价格的可变性和不确定性，并降低其资本费用等。可持续发展报告能为企业提供新的机遇并提高企业的国际竞争力，是企业通向国际市场的通行证。

企业战略是企业如何运行的指导思想，它是对处于不断变化的竞争环境之中的企业的过去运行情况及未来运行情况的一种总体表述。

二、可持续发展

可持续发展是 20 世纪 80 年代随着人们对全球环境与发展问题的广泛讨论而提出的一个全新概念，它是人们对传统发展模式进行长期深刻反思的结晶。布伦特兰夫人在世界环境与发展委员会的《我们共同的未来》中正式提出了可持续发展的概念，这标志着可持续发展理论的产生。此时的研究重点是人类社会在经济增长的同时如何适应并满足生态环境的承载能力，以及人口、环境、生态和资源与经济的协调发展方面。其后，这一理论不断地充实完善，形成了自己的研究内容和研究途径。

随着可持续发展概念的提出，人们对可持续的关注越来越密切，而且从环境领域渗透各个领域。而企业可持续发展理论的诞生是比较晚，但发展相对迅速的一个领域。对于社会环境的变化，企业很难适应，而且随着众多企业失败现象的出现，企业如何保持现状，并且在末期中依然保持良好的发展势头，应该引起企业的高度重视。

三、战略类型

企业可持续发展战略非常繁杂，但是众多理论都是从企业内部某一方面的特性来论述的。根据国内外研究者和实际工作者的总结，企业并购可分为以下几种类型。

（一）创新可持续发展战略

所谓创新可持续发展战略，即企业可持续发展的核心是创新。企业的核心问题是有效益，有效益不仅要有体制上的保证，而且必须不断创新。只有不断创新的企业，才能保证其效益的持续性，也即企业的可持续发展。横向并购，是指生产或经营同一类产品的企业间的并购。

（二）文化可持续发展战略

所谓文化可持续发展战略，即企业发展的核心是企业文化。企业面对纷繁变化的内外部环境，企业发展是企业文化的主导。

（三）制度可持续发展战略

所谓制度可持续发展战略，是指企业获得可持续发展主要源于企业制度。

（四）核心竞争力可持续发展战略

企业核心竞争力是指企业区别于企业而具有本企业特性的相对竞争能力。而企业核心竞争力可持续发展战略是指企业可持续发展主要是培育企业核心竞争力。

（五）要素可持续发展战略

要素可持续发展战略认为企业发展取决于人力、知识、信息、技术、领导、资金、营销等要素。

四、企业可持续发展论述

（一）企业可持续发展的基本表现

企业可持续发展，表现为企业活动若干要素的发展。从所有人的角度讲，企业应当持续盈利（或一段时期内总体盈利）；从雇员的角度讲，企业应当保持和扩大雇佣的规模；从供应商的角度讲，企业应当不断提出新的订单；从政府的角度讲，企业应当不断地纳税；从顾客的角度讲，企业应当持续地供应符合市场数量需求和价格需求的产品。在所有上述表现中，最为基本的，应当是企业源源不断地提供适应市场需要和变化的产品（商品）。

分析企业某些要素的增长与企业发展之间的联系与区别。企业某些要素的增长，更多地表现为要素数量的变化；企业的发展，更多地表现为企业整体上转化资源、增加价值的能力的提高，这种能力的提高，既有量的变化，又有质的变化。企业可持续发展，并不要求所有要素实现量的增加。实际中较为常见的，企业的可持续发展是按照"调整"的方式实现的。在调整过程中，企业的资源、工艺、组织结构等因素的变化，都应当是为产品的变化服务的。而产品的变化，又是以企业盈利能力的提高、企业的未来利益最大化作为指导的。企业可持续性发展虽然更多地表现为"破坏性"的重组，但是也存在"渐进式"的改革战略，而且这种"渐进式"的战略在目前企业中有其现实的接受性、可操作性。

企业可持续发展战略的提出应当是一项系统性工程，并涉及企业的方方面面，可以说，企业可持续发展战略的实施是一场革命，不管是"破坏性"的还是"渐进式"的。企业可持续发展战略涉及企业发展运行中的每一个环节，主要体现在以下两个方面：

1. 外部环境

外部环境又可分为社会环境和任务环境两个部分。企业的社会环境是指那些对企业活动没有直接作用而又经常对企业决策产生潜在影响的一些要素，主要包括与整个企业环境相联系的技术、经济、文化、政治法律等方面。这些方面影响企业的可持续发展战略具体确定和实施情况。任务环境是指直接影响企业主要活动或企业主要运行活动影响的要素及权利要求者，如股东、客户、供应商、竞争对手、金融机构等。企业任务环境直接影响企业可持续发展战略，如行业发展前景和行业竞争状况将直接影响企业的可持续发展战略。

2. 内部环境

内部环境包括企业的各项职能，是企业可持续发展战略制定的基础，包括管理职能、营销职能、理财职能、生产运行职能、研究开发职能等。各种职能相互作用构成企业可持续发展的基础和骨架。

（二）企业可持续发展战略目前学术界的观点

可持续发展要求的是企业发展的可持续性，它不仅要求企业目前的发展，同时要求企业末期的发展。因此要求企业具有一种促进可持续发展的机制，但是不能仅从某一方面来论述企业的可持续发展，而是综合考虑各种管理要素和外部环境的综合协调。只有这样，才可能从总体上把握企业的可持续发展。

就经济学角度而言，企业可持续发展就是要求企业利润的保持和不断增长，但是企业获得何种利润，基于现实和自身行业企业特点，有不同的表现和看法。

（三）企业可持续发展战略的关键战略要素

一般认为，企业发展包括两层含义：一是"量"的扩大，即经营资源单纯的增加，表现为资产的增值、销售额的增加、盈利的提高、人员的增加等；二是"质"的变革与创新，是指经营资源的性质变化、结构的重构、支配主体的革新等，如企业创新能力的增强，对环境适应能力的增强等，即企业发展不仅表现为企业变得"更大"，更重要的是变得"更强""更新"。一般认为，任何一个企业要实现可持续发展，必须具备"项目、环境、管理、机遇"四大因素。实现企业发展是每个企业的唯一使命，实现企业的可持续发展更是处于激荡变化环境中的每个企业的追求。

1. 管理要素

产权制度：企业设立必须有明确的出资者，必须有法定的资本金。出资者享有企业的产权，企业拥有企业法人财产权。产权关系不明确，产权责任就不明确，产权约束就不落实，管理的过程中就会遇到多头领导，导致企业效率下降。

法人制度：《中华人民共和国民法典》规定法人设立的四个条件依法设立；必要的经费和财产；有自己的名称、组织机构和场所；能够独立承担民事责任。只有产权关系理顺了，法人财产权的概念搞清楚了，企业该做什么也就明确了。

组织形式：现代企业有多种类型，主要有公司制企业和合作制。公司制的两种主要形式是有限责任公司和股份有限公司。

会计制度：现代企业采用符合国际惯例的中国会计制度，资本金是出资者行使权利和承担责任的物质保障，资本金注入企业后不得抽回，但可依法转让。当国家作为出资者时，其权益的增加体现了国有资产的保值增值。

管理制度：企业的最高权力机构是出资者大会，它选举产生董事和监事。董事会为出资者的代理机构和企业决策机构，它聘请企业经理人员并决定经营管理机构。现代企业制度还包括企业内部的人事、劳动、生产、设备、财务、分配等管理制度。

社会监督机构：现代企业制度不同于传统企业制度之处在于，企业不仅受出资人和政府监管机构的监督，而且受企业的客户、中介机构、社会公众和舆论的监督。企业必须在不损害社会整体利益的前提下，追求自身经济效益的最大化。

2. 管理新变化因素

管理决策从经验化到知识化：在产品过剩、资本过剩的时代，对大多数企业来说，制约企业发展的主要因素已经不是资金和生产能力，而是企业的技术创新和管理能力，是企业技术知识和管理知识对企业的贡献大小。

企业经营虚拟化：为了增强企业的灵活性和应变性，企业将不再贪大求全，集中发展具有核心能力的产品、技术和服务，而将其他相关业务外包，进行虚拟经营。

企业组织结构的灵活化：为了降低管理费用、提高管理效率、调动员工的积极性、创造性，企业的组织结构发生前所未有的变化——一方面是组织结构从金字塔式变为扁平化，另一方面企业部门要根据形势的变化而不断增减。

企业更加注重人力资源的开发和管理：人是企业经营的第一要素，因此人力资源管理成为企业管理的重中之重，主要集中在企业的薪酬设计、绩效考核、工作分析、素质模型、激励约束、竞争淘汰、招聘引进、培训开发等方面，主要的目的是充分调动员工的积极性、凝聚力和向心力。

企业管理更加多样化：随着科学和技术的发展，学科的重新定义组合，产生了许多新的管理技术，如 JIT、FM、CE、SCM、LP、AM 等。而且企业管理以信息流管理为基础，将以上多样化的管理技术进行综合集成（CIMS）。

财务管理的战略化、集成化：财务管理从静态的核算向动态的、参与经营过程的财务管理发展；财务管理从战术性、事物性向战略性、全局性的经营理财发展；财务管理从内部的、独立的职能向开放的、三流合一的集成管理发展；从手工操作、手工分析向计算机、智能分析发展；目的从传统的利润向企业未来价值发展；事业从国内向国际范围发展。

管理责任的社会化：主要表现为企业和消费者的"绿色"和环保意识的增强。

3. 环境要素

企业面临的可持续发展环境实际上是企业如何在政治、自然、经济、技术和经营五个方面控制污染和利用能源的问题。其中，每一个环境因素都会从可持续发展的角度对企业的行为形成影响、制约和冲突。

4. 战略的系统性、协调性

可持续发展战略的突出特点是其战略的系统性和协调性。企业的可持续发展不是解决一两个问题，或者全部改变就可以实现的。企业可持续发展战略是指企业在追求自我生存和永续发展的过程中，既要考虑企业经营目标的实现和提高企业市场地位，又要保持企业在已领先的竞争领域和未来扩张的经营环境中始终保持持续的盈利增长和能力的提高，保证企业在相当长的时间内长盛不衰。如何实现企业经营目标和提升自己的竞争力，并保持自己始终盈利的问题，不是靠一个方面就能解决的，而是靠企业内外部相互协调系统发展的战略组合。

第二节　企业可持续发展问题探讨

企业的危机来自经营环境的不断变化。进入 21 世纪，变化成了日常行为，而且变化毫无规律、难以预测，如管理大师们所言：21 世纪唯一不变的就是变化。市场的全球化，以及资本经营的出现打破了行业限制，使得竞争对手的范围扩大了，国际化竞争的市场移到了家门口，竞争的程度更加剧烈，价格降低，支出增加，效益下降。同时，顾客成为市场的主宰，科学、信息技术得到广泛运用，以前不可能做到的事情都变为可能。

面对环境的种种变化，如果还停留在原来成功的经验基础上，不能有效地解决伴随企业成长出现的问题，因循守旧，观念滞后，人才短缺，体制僵化，基础管理涣散，势必使企业从成功走向衰败。切记，企业今天的辉煌不等于明天也成功。

一、发展战略是企业可持续发展的动力源泉

我国的许多企业，在创立期也就是原始积累阶段，企业规模迅速膨胀，完成了人才、技术、资金、市场的一些初步积累。但在企业的成长期特别是成熟期，管理相对滞后，面临着多种机遇及发展方向的选择，此时企业的发展速度反而下降或停滞。这时候需要制定明确的企业发展战略和发展目标，才有可能进入企业的持续发展期。

持续发展期会进行持续的创新，会培养可持续发展的竞争能力，也要不断

地修正前进的航向，以适应市场发展的需要。重新明确企业宗旨与核心价值观等重大发展任务。

制定发展战略是中国企业为适应市场成熟的必然选择。因为竞争对手持续进步，每天都在进步，每天都有新的竞争者进入，这就给我们带来很大的压力，不进则退。同时潜在的竞争对手，潜在的替代品也会不断出现，而且更新的周期越来越短，市场进一步规范，以前可能靠一两张条子、一两个政策机会就能赚钱，但以后这种赚钱的机会就少了。同时，顾客的消费行为越来越理性化。彼得·德鲁克说：竞争战略的主要目的是能比竞争对手更好地满足顾客的需求。企业经营目标的唯一有效的定义就是顾客。一个企业要获得竞争优势，可以有两种基本的战略选择：一是提供更低的认知价格，二是提供更高的认知价值。具体应该采取何种战略，还必须以企业拥有的资源和能力为依据，而且要把战略和能力有效地结合。

制定发展战略过程中，企业要在对企业未来发展环境的分析和预测基础上，为企业提出总体的战略目标，企业的一切目标都服从于或服务于这个战略目标。企业的战略目标应该是一个宏伟的远景目标，这是支持企业发展的首要因素。宏伟的远景目标对企业能形成重大的挑战，使企业领导不满足于现状，从而确保企业利润不断地增长，同时起到鼓舞人心、吸引人才、激发活力的作用，使员工觉得前景广阔。因为一名高素质的员工不愿意在一个没有希望、没有前途、前景黯淡的公司工作。给人以美梦，这是最激励人的手段，善于运用胆大超前的目标，也是那些百年企业长寿的秘诀之一。

公司远景目标的三要素包括：一是要针对未来，即任何一个战略远景目标都要基于对未来环境的判断，也就是对国家宏观环境——产业政策以及微观环境——竞争环境的展望。二是要考虑清楚公司将参加的业务范围、地理范围、竞争对手以及竞争优势的来源。三是公司整体战略，这是非常重要的，公司制定整体战略是为了增强可持续发展能力，企业的发展战略有近期和长期规划。这样才构成一个完整的远景目标。

建立在对环境完全分析基础上的公司整体战略，能够对企业外部环境的变化表现出应变性。成功的企业都有较强的适应环境变化的能力，这些能力是企业对市场信号显示的反应。因此，有人在界定长寿公司时指出：对周围环境的敏感代表了公司创新与适应的能力，这是长寿公司成功要素之一。这一点也是非常重要的。

二、创新是企业可持续发展的核心

企业的核心问题是有效益，有效益不仅要有体制上的保证，而且必须不断创新。只有不断创新的企业，才能保证其效益的持续性，也即企业的可持续发展。随着知识经济时代的不断发展，知识创新、技术创新、管理创新、市场创新等已成为企业发展的动力，没有创新企业就无法在竞争中取得优势，也无法保持企业发展的能力。所以，企业可持续发展重点强调的是发展而不增长。无论是企业的生产规模还是企业的市场规模，都存在一个增长的有限性。增长是一个量的变化，发展是一个质的变化。一个企业不一定变得更大，但一定要变得更好。企业可持续发展追求的是企业竞争能力的提高、不断地创新，而不只是一般意义上的生存。

企业创新是全方位的创新，其核心是观念创新。观念创新是按照新的外部环境调整价值尺度、思维方式、行为方式和感情方式等诸多方面的文化心理，创新意识的建立是一种否定自我、超越自我的过程。这是企业创新的先导。观念创新中首先是价值观念的创新。价值观念主要是指企业经营的价值观念，包括消费者价值观、利润价值观和社会价值观等。价值观念的创新是指要随着形势的发展而不断改变自己的价值观。观念的创新决定决策的创新、管理的创新，决定企业行为的创新。所以，创新应该反映在企业的各个方面，包括技术创新、管理创新、体制创新、经营创新，等等。所有这些创新，最后都会在企业的经营活动中反映出来，会落实在企业的产品创新上。

三、竞争优势是企业可持续发展的保障

企业可持续发展与社会、生态系统可持续发展的不同之处是，社会、生态可持续发展要实现的是一种平衡，而企业可持续发展要实现的是在非平衡中求得竞争的优势。企业可持续发展过程中，必须不断地提高自身的竞争能力和水平，才能实现永续发展目标。

在市场经济条件下，同一种产品的生产与销售通常是由多家企业完成的。企业面对的是竞争性的市场，所以，首先需要分析企业已经形成的核心能力及

其利用情况。在竞争市场上，企业为了及时实现自己的产品并不断扩大自己的市场占有份额，必须形成并充分利用某种或某些竞争优势。竞争优势是竞争性市场中企业绩效的核心，是企业相对于竞争对手而言难以甚至无法模仿的某种特点。由于形成和利用竞争优势的目的是不断争取更多市场用户，企业在经营上的这种特点必须是对用户有意义的，竞争优势归根结底产生于企业为客户所创造的价值。

怎么才能形成企业的某种竞争优势呢？管理学家认为取决于企业的核心能力。所谓核心能力，是组织中的积累性学识，特别是关于如何协调不同的生产技能和有机结合多种技术流派的学识。这种能力不局限于个别产品，而是对一系列产品或服务的竞争优势都有促进作用。从这个意义上说，核心能力不仅超越任何产品或服务，而且有可能超越公司内任何业务部门。核心能力的生命力要比任何产品或服务都长。

由于核心能力可以促进一系列产品或服务的竞争优势，能否建立比竞争对手领先的核心能力会对企业的长期发展产生根本性影响。只有建立并维护核心能力，才能保证公司的长期存续。因为核心能力是未来产品开发的源泉，是竞争能力的根。

所以，利润重要，市场份额更重要；市场份额重要，竞争优势更重要；竞争优势重要，企业核心能力更重要。有了企业核心能力才能创造竞争优势的可持续发展，有了竞争优势的可持续发展才能扩大市场份额，使企业基业长青。因此，企业核心能力是竞争优势、市场份额和企业利润的真正来源。

如果企业所处的环境基本保持不变或相对稳定，那么企业只要选择和进入富有市场吸引力的产业，并且具备战略资源、核心能力、企业战略能力、企业家能力和优秀的企业文化以及相对竞争者来说更富效率的内在要素以占据有利的市场地位，就可以创造企业的持续竞争优势。然而，我们现在所处的环境由于各种因素的作用和变化而处于不断的变动中，甚至可以说已经达到动态或剧变的程度。环境的动态化严重削弱了企业经营决策与行为可能性预见的基础。由此就使企业的每一种既定形式的竞争优势都不可能长久地维持，最终都将消散，只是时间的长短不同而已。所以，在动态环境中，企业要想获得持续竞争优势，就不能只凭借其战略资源、核心能力等被动地适应环境，而是要求企业能够深刻预见或洞察环境的变化并迅速地做出相应反应。通过持续性创新，不断超越自己的，从其既有的竞争优势迅速地转换到新的竞争优势，超过竞争对手的企业，从而获得基于其整体发展的持续竞争优势。也就是说，企业持续竞争优势源自持续性创新。

四、企业文化是企业可持续发展的内因

企业文化作为企业发展战略或企业家能力发展过程中的一种力量或动力，随着知识经济的发展，它对企业兴衰将发挥越来越重要的作用，甚至是关键性作用。一个企业在产品质量达到一定程度时，对产品的市场地位和由地位决定的价位，以及产品的市场销售量，发挥重要或决定作用的仍然是产品自身的文化内涵。经济活动往往是经济、文化一体化的运作，经济的发展比任何时候都需要文化的支持。任何一家企业想获得成功，都必须充分认识到企业文化的必要性和不可估量的巨大作用，在市场竞争中依靠文化来带动生产力，从而提高竞争力。

哈佛商学院通过对世界各国企业的长期分析研究得出结论：一个企业本身特定的管理文化，即企业文化，是当代社会影响企业本身业绩的深层重要原因。企业的生存和发展离不开企业文化的哺育，谁拥有文化优势，谁就拥有竞争优势、效益优势和发展优势。世界 500 强企业出类拔萃的技术创新、体制创新和管理创新的背后，优秀而独到的企业文化，是企业发展壮大、立于不败之地的沃土。

企业文化是企业员工普遍认同的价值观念和行为准则的总和，这些观念和准则的特点可以透过企业及其员工的日常行为而得到表现。文化对企业经营业绩以及战略发展的影响主要体现在三个基本功能上：导向功能、协调功能以及激励功能。文化的导向功能是共同接受的价值观念引导着企业员工，特别是企业的战略管理者自觉地选择符合企业长期利益的决策，并在决策的组织实施过程中自觉地表现出符合企业利益的日常行为；文化的协调功能主要是在相同的价值观和行为准则的引导下，企业各层次和部门员工选择的行为不仅是符合企业的长期或短期利益的，而且必然是相互协调的；文化的激励功能主要指员工在日常经营活动中自觉地根据企业文化所倡导的价值观念和行为准则的要求调整自己的行为。

企业文化的上述功能影响企业员工，特别是影响企业高层管理者的战略选择，从而影响企业战略性资源的选择、企业能力的培养与各种资产、技能、资源与能力的整合。正是由于这种影响，与企业战略制定或资源的整合、能力的培养过程中需要采用的其他工具相比，文化的上述作用的实现不仅是高效率的，而且是成本最低、持续效果最长的。从这个意义上说，文化是企业竞争优势可持续发展的最为经济的有效手段。

同时我们还要培育良好的企业文化，简单地说，企业文化就是企业的人格。良好的企业文化是企业发展战略中必备的素质。因为与战略相适应的核心价值观、与战略相配套的企业制度准则，都直接地影响战略的管理和实施。一个只拥有传统企业文化、价值观的企业，让它转型为高科技企业，它对高科技企业的人力、资源制度和激励制度等都不能理解，涉及企业文化也一样。良好的企业文化将对战略管理起到事半功倍的作用。只有拥有良好的企业文化，人才不会流失，才能够低成本地运作，从而创造很好的效益。

五、强化管理是企业可持续发展的基础

企业内部管理基础要扎实，如果一个好的企业战略没有强有力的企业基础管理作保证，不可能达到贯彻执行。可想而知，如果企业战略制定了，管理很松散，也就是组织机构得不到保证，战略就得不到很好的贯彻执行。海尔集团之所以国际战略、多元化战略实施得非常好，就是因为它的基础管理做得非常好，这样它在扩散的过程中，在输出海尔理念的时候就能事半功倍。如果换一家企业，它也许就不能成功。

对企业进行业务流程的重组，建立与之相适应的组织机构，改变信息的横向、纵向传输速度慢、管理效率低、决策慢的状况。重构企业的职权体系，明确各个部门和每个岗位的职责、权限，制定各项工作的操作规范，按规章行事，提高员工的业务素质。建立完善的考核体系和合理的报酬体系，以绩效为目标，使得考核有依据，奖惩有办法，促进员工的成长、企业的进步。

一个企业的可持续发展，一定要有前期的积累和投入，还要有长远的战略发展眼光，给自己做清晰的定位，然后要有执着的精神，一步一个脚印地修炼企业内功，最终建立一个创新型企业。

第三节 "新常态"下企业可持续发展战略

经济的可持续发展空间总体来看是有限的，既包含社会资源，也包括自然资源（能源、水资源、生态资源）。中国不仅环境资源、自然资源和能源越发稀缺，人们对环境损失承担意愿和容忍度也越来越低。中国企业遇到的可持续发展空间"天花板"已经非常明显。

一、"新常态"下企业可持续发展战略

增速放缓会影响很多企业对规模增长的信心，使企业更多关注防御策略与风险管理；结构优化和升级则会加快一批不可持续的行业的洗牌，在可持续发展空间实现"腾笼换鸟"，给新兴产业带来发展机遇；而可持续发展战略恰好可以给"创新驱动"提供一个新的维度。可以预见，经济"新常态"更利于那些具备良好可持续发展能力的企业崛起，可持续发展战略对商业价值的影响客观上异常显著。

（一）防御性策略的优势选择

成功的大企业往往拥有数量庞大的利益相关方和深刻的影响力；同时，作为某一领域中的佼佼者，防御策略必然长期占据主导——各种战略都必然服务于维持自身领先地位的任务。在经济"新常态"中，可持续发展可以成为企业的优势防御策略。

一方面，可持续性方面的风险最终会转化为企业的商业风险。在增速放缓、结构调整的周期中，这种风险的转化往往会加速。可持续性方面的管理，能为公司内部建立有效的长期商业风险的评估与管理机制。可持续发展战略讲求透明与广泛参与，这也有助于最高决策层与基层员工、企业供应链以及客户协同来应对这些风险。

另一方面，公司规模越大、存在时间越久，无形资产在企业价值中的权重越高，企业软实力对企业价值的影响也就越显著。这一点，在通用电气、IBM、

可口可乐、沃尔玛等企业都得以验证。无形价值依靠企业软实力来支撑。企业在可持续发展方面的能力与作为，也是衡量企业领导力、透明度、知识产权和人力资源等软实力要素的一个评价标准。可持续发展战略很适合为增强内部活力、增加企业价值的新内涵提供具体的指导方向。例如，Google 这样的科技公司，不仅投入巨大努力实现 100% 使用可再生能源，也为可再生电力的远距离传输做了大量研发投入。Google 的努力不仅消除了人们对于大型数据库导致温室气体排放的担忧，也增加了这家互联网公司对潜在竞争对手的防御能力。

可持续发展空间与效率对于企业的"长期价值资产负债表"的影响逐渐增加，大型企业在可持续领域的努力，也越来越多地为实现"防止被颠覆"的目标服务。

（二）"成长"的新支点

目前，人们已经因为生态威胁、环境问题和社会福祉担忧越发感受到发展空间的局限。针对这一全社会的"痛点"进行有效创新，是在未来获得高速成长的一条有效路径。我们可以期待在新能源、新材料、新服务模式出现一批能够极大提升"可持续发展空间利用效率"的新企业。尤其是在借助互联网模式，未来可持续发展战略的实现，将越来越多地借助互联网手段、借助公众参与完成。即便是初创企业，也可以将一些创新型可持续性项目以众筹的模式，在实现公众参与的同时，实现筹智、筹资、筹力。

商业竞争中，企业竞争基本可以概括为两个维度：成本和差异。

1. 关于成本领先优势

在大部分情况下，环境效率与成本效率都是呈正相关的——环境效率越高，成本效率越高。

从企业追求成本领先的角度看，可持续发展战略是对原有"规模效应"法则的一个必要修正。无论是减少企业的环境影响、降低能源消耗强度、增加资源循环利用比例或是提高能源独立水平，都能有效帮助企业应对可变成本上涨压力。企业在有效降低单位产品的"环境足迹"后，往往会发现其成本竞争力也有所增强。通过可持续发展报告披露这一努力，与财务报告配合，将会令人信服地向投资人和相关方面展示企业在可持续发展领域努力的价值。

2. 关于差异化优势

长期来看，经济可持续发展需要在长期利益和短期价值中实现平衡，仅仅依靠现有模式不能解决所有问题。因此，可持续空间的局限会带来新的细分市场，直接推动差异化的创新发展。

市场需求的广泛转变无疑会带来差异化竞争的机会，在可持续发展空间利用效率上有所体现。我们看到无论通用电气、ABB还是施耐德，这些传统电气产业巨头也都在投入更大精力为客户提供更清洁、更高效、更低碳的解决方案，而不再是简单地增加传统优势产品的推广。

可见，可持续发展战略能够"内外兼修"地为企业经营目标服务，从商业角度看，可持续发展正在融入成功企业和高成长性企业的战略中。

二、企业可持续发展战略实证分析

（一）背景

中国政府非常重视可持续发展的观点，并提出了自己的科学发展观：以人为本，全面、协调、可持续的发展观。把可持续性发展提到一个非常高的地位。

企业可持续发展理论的诞生比较晚，但是发展相对迅速的一个领域。对于社会环境的变化，企业很难适应，而且随着众多企业失败现象的出现，如何使企业保持目前现状，而且使企业在末期中依然获得良好的发展势头，越来越引起企业的重视。近年来，随着第一批"政策型、暴发型"企业发展的日趋平静，很多企业都成了"流星"，现存的公司利润很难再有大的发展，企业发展面临新的"瓶颈"期。中国企业所面临的一个基本问题是持续性发展问题。从某种意义上讲，这些"流星"企业都是产品成功型企业，也就是凭借企业家的胆略和敏锐，抓住中国经济发展过程中的某个机遇、某个产品、某个项目、某种稀缺资源使企业迅速做大，但这种成功并不等于企业的成功，更谈不上企业的持续成功。而一些目前"如日中天"的企业是否在激荡的环境中仍然保持自己的发展速度，是否会迎来自己的"滑铁卢"？企业如何使自己获得可持续性的发展，是摆在所有企业面前的一道难题。

例如，河北省中国石油天然气管道工程第四工程公司（简称旧公司）目前处于企业的上升阶段，虽然利润逐年提高，完成的产值和实现的利润再创公司历史最高纪录，但是随着市场竞争的加剧，国际石油、天然气投资建设持续保持较高的发展态势，国内能源需求持续增长。较高的利润率和潜在的利润率迫使行业内竞争、国际大公司竞争以及潜在对手的竞争从不同方面、不同环节、不同地域和环境区域对四公司造成威胁。而且随着各国对环境的关注，对全球可持续发展的重视，管道行业将面临新的竞争要素如环境保护等势必对四公司的发展产生一定的影响。就公司目前的管理体系、薪酬制度、人力资源体系、市场营销开发等对四公司的发展起着非常大的制约作用，影响着四公司的可持续发展。

（二）思路

为了解决四公司目前存在的一些问题，使得四公司避免发生倒退，保持乃至超越目前状态，实现管道四公司的可持续发展。主要结合当今理论界的相关的可持续发展方面的论述以及国内外的企业可持续发展事例，具体联系河北省中国石油天然气管道第四工程公司的现状，运用战略管理、人力资源管理、企业文化、市场营销学、员工激励等各方面理论知识对当前企业如何实现可持续发展提出看法。

（三）如何实现企业可持续发展战略

企业可持续发展战略的制定取决于对企业本身和所处环境的分析，一般采用战略管理普遍采用的 SWOT 分析方法，利用 SWOT 方法对企业内部资源和外部环境进行分析，找出企业自身的优势和劣势，找出外部环境对本企业的机会和威胁。通过外部环境和内部资源的分析，找出本企业的独特竞争优势，并确定企业目前在行业中的位置，根据对未来环境的预测变化和本企业的目标战略相结合，消除劣势，发挥优势，利用机会，避免威胁，制定本企业的可持续发展战略。通过 SWOT 分析，对企业的管理、组织结构、市场营销、人力资源和组织文化进行分析整理，并针对企业外部环境进行综合，找出企业的可持续发展战略，即 SHEMMC 理论。

（四）中国石油天然气管道第四工程公司可持续发展战略实证分析

1. 中国石油天然气管道第四工程公司可持续发展战略

采用 SWOT 分析战略对四公司进行分析，通过对四公司外部环境和内部资源的分析发现四公司可持续发展战略所依据基础。通过制定符合本身特色和环境相符的结合，找出企业可持续发展 SHEMMC 理论要素，制定可持续发展战略。

（1）公司的外部环境分析

由于四公司是管道局的下属企业，管道四公司属于中国石油天然气管道局的核心业务单位，属于中国石油天然气管道局的事业部制结构中的一个独立的事业部制。而且四公司的市场业务主要是靠管道局的分配所得。管道局以一整体形式进行市场招标。因此，四公司所面临的可持续发展环境的政治环境属于"二次分配"的方式：四公司在和相关政治部门发生关系时实际上是以管道局和四公司两种方式进行的。

（2）关键战略要素选择

管道工业介绍：长输管道运输已经被列入五大运输行业之一，这五大运输行业通常是指：铁路运输、公路运输、水路运输、航空运输及管道运输。与铁路运输、公路运输、水路运输等其他常用的运输方式相比，管道运输具有的优点为：运输量大；管道大部分埋设于地下，占地少，受地形地物的限制少，可以缩短运输距离；密闭安全，能够长期连续稳定运行；便于管理，易于实现远程集中监控；能耗少、运费低。其缺点为：适于大量、单向、定点运输石油等流体货物。不如车、船等运输灵活、多样。

我国管道工业历史：管道运输已与铁路、公路、水运、航空一起构成了我国五大运输行业体系。而且石油产品及天然气的管道输送已经发展成为石油天然气运输的主要支柱。随着我国经济建设飞速发展及对能源需求的加大，今后一段时期内，我国将要进口部分原油和石油产品。因此需要优化调度和管理，通过科学运筹，充分利用并提高现有管网的灵活性，合理调整管输原油的流向，完成国内及进口原油的输送任务。

管道工业现状：正是由于长输管道在输送流体介质时具有上述的诸多优越性，近年来，长输管道的应用已不局限于石油及其产品、化工产品和天然气等介质的输送，而应用于更为广泛的领域，如煤浆、矿浆和其他介质的输送，等等。

行业竞争环境：今后一个时期，国际石油、天然气投资建设持续保持较高的发展态势，国内能源需求持续增长。较高的利润率和潜在的利润率迫使行业内竞争、国际大公司竞争以及潜在对手的竞争从不同方面、不同环节、不同地域和环境区域对四公司造成威胁。

新竞争要素：随着各国对环境的关注，对全球可持续发展的重视，管道行业将面临新的竞争要素：保护环境、保护野生动植物及维持生态平衡等问题均给予足够的重视。一方面，为防止对空气、水体、土壤的污染，解决沿线土壤流失及植物复种等问题，在开始设计、施工时就研究、规划；另一方面，关于管道建设对该地区的生态、生物迁移、动物群的习性影响，进行了长期研究，调查了驯鹿的数量和习性，研究驯鹿的迁移和繁殖情况以及鱼类、禽鸟的生活习性等。强调的是企业发展与环境的可持续发展，这些新的因素势必影响企业的战略决策。

技术因素：包括关于长输管道钢材等级提高的技术、关于管道内涂层的技术、关于直缝钢管与螺旋焊缝钢管的技术、管道外防腐覆盖层的研究与应用技术、关于管道延性断裂的研究技术、将卫星遥感技术和GIS技术应用于管道设计、施工与运营、未来的管道建设将更注重安全与环保的增强将引起新的泄漏检测技术。

管理要素：由于管道行业的公司大都是"大象"，都具有一定的竞争力，而且通过公司间的对比我们发现大多数公司在市场中所占位置都具有非常深的细分化，也即竞争性的同质公司很少。但是随着利润率的提高和国外同质大公司的进入，各公司都面临十分艰巨的市场状况，四公司也不例外。其基础管理工作的非正规化和薄弱性、市场意识的相对落后性、竞争意识的缺乏性制约着公司的可持续发展。

2. 市场业务开发状况

由市场信息开发中心主抓市场开发。公司抽调精干专业人员成立的市场信息开发中心，下设市场部、商务部、技术部，便于快速适应市场变化，收集信息和积累经验，可以很好地配合市场开发部、支持帮助公司各单位和项目进行市场开发。近两年，中心协助市场部做了很多市场开发的工作，同时使公司目前的市场开发形成了体系和网络化管理。

四公司在闯市场的实践中形成了"以先进的技术争得市场""以可靠的质量巩固市场""以灵活的策略抢占市场""以良好的信誉赢得市场"等进入市场的经验。

从企业市场开发情况我们看出，四公司的市场开发过程由单一到多元，由被动到主动，由封闭到开放。工程量随着业务的发展不断增大，而且业务种类也从单一到多元。

3.人力资源分析

（1）人力资源状况

通过调整人才引进政策，补充人力资源。近三年来，公司为了缓解快速发展与人才短缺的矛盾，积极通过各种渠道引进人才，用政策吸引人才。

一是积极接收大学（专）毕业生，提高了大专以上学历人员在职工总数中的比例。

二是紧紧抓住企业重组、业务调整、人才交流之机，根据公司发展的需要，先后引进多名管理、专业技术人才，他们中的大部分人被公司委以重任，成为公司的骨干和中坚力量。

三是从管道职教中心、华北航天学院等院校招聘了近400名中专以上学历的技术工人，公司和他们签订短期合同，进行焊接、设备操作、盾构、试压等技术培训，有效地解决了公司长期以来技术工人短缺的问题。这些经过培训技术过硬的技术工人，使得公司的实力和施工能力大大增强。

（2）公司人才培养机制

第一，通过重点工程锻炼人、培养人。近几年，公司通过工程的锻炼，从只能干小管线到参加长输管道建设、到参加国家重点工程建设乃至迈出国门参加苏丹、科威特、利比亚等国际工程建设。为公司锻炼、培养了一批高素质的施工、技术、管理人才，提高了职工素质和队伍管理水平，公司真正实现了质的飞跃，实现了从"红领巾"到"正规军"的顽强转折。

第二，通过组织多层次、多技能培训提高职工素质。为了逐步提高职工队伍的整体素质，公司每年都积极开展多层次、多渠道、多形式、全方位的培训工作，同时创造条件，鼓励职工参加各类学历教育。

第三，成立工程项目管理中心，科学合理地调配人才。公司把成熟的工程技术、管理等人员全部集中到项目管理中心，由项目管理中心根据各工程项目的需要，对人力资源进行合理的调配，做到人尽其才、才尽其用。

初步建立人力资源管理体系。通过近几年的改革实践，不断总结经验，进一步完善了人事、用工、分配、考核等配套制度，初步建立了符合现代企业制度的人力资源管理体系。

（3）公司薪酬体系分析

四公司目前薪酬体系还处于一种"模糊"阶段，四公司从一个事业性质较浓的单位转变到面向市场的现代赢利企业，虽然在产权、观念等方面意识到企业现代性质的重要性，但是在薪酬制度方面依然存在旧的体系。分配制度改革是当前国有企业改革和制度改革的热点与难点，是企业人力资源开发的"瓶颈"问题。

四公司也在努力探索相关的方法来形成较为科学化、正规化的薪酬激励制度。例如，公司在各工程项目部全面实行"包焊口""包公里数""包基数"的"三包"形式，组织工程的施工管理，以便最大限度地激励职工上一线多干活，有力地促进劳动效率的提高。但是，整体性、系统性、长期性的薪酬体系依然没有形成，这成为企业发展的"瓶颈"，随着市场的发展，企业竞争日益激烈，各大企业纷纷高薪挖掘人才，人才流失危机加剧。而要留住、用好管道局学术、技术带头人和公司各类的成熟人才，继续培养和提拔一批公司技术带头人、学术专家、优秀设计师，没有科学性、正规性的薪酬制度是很难实现的。

4. 企业文化

企业文化是以企业精神为核心，把具有特色的企业传统、行为方式、道德规范、经营作风和思想意识凝聚在一起，体现一个企业的职工素质、文化底蕴、经济实力和精神风貌，是企业在长期的生产经营活动中所创造的、具有自身特点的物质文化和精神文化的综合。企业文化体现在制度层、物质层、精神层三个方面。

（1）精神层面

企业精神是企业文化的核心和灵魂，是企业发展的精神支柱、动力和源泉。一是四公司在广泛征求意见的基础上，确立了"务实求效，争创一流"的企业精神。二是发扬企业传统，搞好重点工程。其中"务实求效，争创一流"是公司弘扬的企业精神，而"迎难而上，敢打敢拼，敢打硬仗"则是多年以来公司在施工中形成、保持和发扬的企业光荣传统。事实证明，优良的企业传统可以使企业在激烈的市场竞争中攻无不克、战无不胜，发挥重要的积极作用。

（2）物质层面

加大投入力度，塑造企业形象。企业形象是企业在人们心目中产生或形成的形象，是企业得到社会认同的企业文化的综合反映和外部表现。主要工作有配齐计算机；三院连通；建立公司宣传栏。

（3）制度层面

一是制定并全面实施公司《精神文明建设实施纲要》。该纲要在做好"三个结合"的基础上，推出了"六项工程"，把精神文明建设和塑造企业良好形象的各项任务进行了细化、量化。

二是加大宣传力度，树立企业形象和信誉。良好的企业形象的塑造离不开宣传工作的密切配合。因此，多年来，公司紧紧围绕整体形象、重点工程建设情况、管理经营状况、思想政治工作、企业文化建设、改革举措、典型事例、人物风采等方面进行了全方位的宣传报道，而且在国际互联网上策划制作了公司的网页。

三是健全规章制度，内塑企业形象。近年来，公司在财务管理、经营管理、资产管理、工程施工管理、质量管理、安全管理、基础管理等方面加大了管理力度，除了完善原有的规章制度外，还结合实际制定了几十项规章制度。同时，狠抓制度落实，使公司的各项工作逐步走上制度化、法治化的轨道。

5. 财务状况

（1）财务管理方面

第一，制定财务管理的各项规章制度，并狠抓落实，严格按国家法律法规和各项规章制度办事。

第二，采取收支两条线，保证了公司整体经营指标的完成。

第三，为确保生产和发展所需资金，对资金实行集中管理，统一调配资金，提高了公司资金的使用效益。

第四，加强财税政策研究，使公司荣获"廊坊市 A 级诚信纳税企业"称号。

（2）生产技术状况

主要资质："管道建设安装专业一级资质证书"和"管道防腐专业一级资质证书"（建设部发）。项目管理工作逐步展开。基本形成了一套符合国际惯例的、科学的项目管理体系，并在日常的生产项目管理工作中逐步推行与实施。

6. 管道工程第四公司的可持续发展战略

四公司目前正处于行业中的中上游水平，但是随着行业竞争的加剧，竞争者的增加，行业份额的减少，同时，由于市场的国际化和纵深化扩展化，如何在激烈的环境中持续发展既要实现企业经营目标和提高企业市场地位，又要保持企业在已领先的竞争领域和未来扩张的经营环境中始终保持持续的盈利增长和能力的提高，保证企业在相当长的时间内长盛不衰，是企业可持续发展战略的关键。管道工程第四公司的可持续发展战略的核心是创立一种创新机制，并将创新机制具体落实到企业的总体战略目标中，寻求自身独有的竞争整合优势。在非平衡中取得发展。重点是找出综合 SHEMMC 理论所需各要素，并制定相应政策。

7. 可持续发展的总体战略分为观念创新和战略创新两部分

（1）观念创新

观念创新是按照新的外部环境调整价值尺度、思维方式、行为方式和感情方式等诸多方面的文化心理，创新意识的建立是一种否定自我、超越自我的过程。这是企业创新的先导。价值观念的创新。价值观念主要是指企业经营的价值观念，包括消费者价值观、利润价值观和社会价值观等。价值观念的创新是指要随着形势的发展而不断改变自己的价值观。观念的创新决定决策的创新、管理的创新，决定企业行为的创新。所以，创新应该反映在企业的各个方面，包括技术创新、管理创新、体制创新、经营创新等。所有这些创新，最后都会在企业的经营活动中反映出来，会落实在企业的产品创新上。

消费者价值观：管道四公司的主要业务应该是以运输服务为基础的，而并非只是简单的安装建筑公司。应该以消费者为出发点重新设立自己的价值观，即形成以服务为核心，管道铺设为手段的新的消费者价值观。

利润价值观：利润是企业生存的基础，但是利润的获得不是靠自己规划得来的，而且企业利润的获得也不是靠一次次的狠抓实干完成的，可持续发展的公司利润追求的是一种长期利润而非一种短期利润，可持续发展强调公司本期及末期的共同发展，而且在总体利润没有受损的前提下，也不排斥近期的亏损以获得末期利润，保证了企业发展的长期性。

社会价值观：管道公司特殊的行业性质，使其本身的企业性质不同于一般企业。管道工程的宏大性、长期性、服务性决定了管道型公司的独特性质。公司应该树立一种可持续发展的社会价值观，公司存在的价值并非简单地顾及和本企业相关的社会团体和单位，而是涉及一切相关的社会、文化、环境资源等。公司应该树立一种服务资源动脉，保证本企业发展，保护自然环境，促进协调发展的社会价值观。最为重要的是，观念的创新应该随着社会环境的变化而变化，使其更适应社会发展。

（2）战略创新

战略创新，应该围绕两个方面进行。首先，抛弃传统的经营理念，培养现代经营理念。其次，按照 SHEMMC 理论找出可持续发展所需要素状况。战略的制定是以企业自身资源和外部环境为基础的，以企业发展为目标的。

8.组织结构

（1）直线职能型组织结构

目前的直线职能型组织结构属于较正规的一种，但是我们看到随着企业的发展和环境的变化也产生了一系列问题。主要存在以下两方面问题：

第一，根据管道行业特色，直线职能型结构不是最优设计，由于管道行业以工程为中心的特点，职能部门很难发挥作用，随着施工量的增大，成本势必增大，并最终影响施工质量。按照职能结构组织，企业通常具有较长的纵向信息沟通与命令传递通道，在上情下达以及下情上传的及时性和准确性方面存在一定障碍，而且管道工程的突发性和意外性概率非常高，更难在第一时间取得最优效果。企业在适应环境变化上显得缺乏灵活性，将大量成本投入在职能部门的管理人员与各分公司之间的协调工作上。

第二，四公司对所有工程项目都实行项目经理负责制，实施矩阵式管理模式，对工程实行单体核算，从管理角度明确了责、权、利，对工程项目进行预算分解，加大事前、事中管理的力度，降低了成本，增加了利润。为了加强对分包工程的管理，制定了"公司分包工程管理办法"，使公司分包工程得到了有效控制。在工程项目实施中采用矩阵式管理模式即矩阵结构，即实际组织结构和实际运行机构发生分歧，存在明显的背离现象。根据以上分析，管道四公司的组织结构虽然在发展初期乃至现在具有一定的优势，但是随着环境的变化企业业务量的发展，要使企业获得可持续发展，必须改变现有的组织结构，降低成本，适应变化。

（2）矩阵组织结构

四公司应该改变现有的公司结构，建立一种机动的矩阵组织结构。矩阵组织结构是由专门的从事某项工作的工作小组形式发展的一种组织结构。工作小组适用于不同专长的人在一起才能完成任务以及具有许多事先不能确定的复杂因素的工作。

矩阵型结构是职能型组织结构与项目型组织结构的混合，在这个结构中的项目负责人既是项目经理又是部门经理，在领导项目时，对项目的结果负责，同时又对职能部门的业务负责。这种结构有效地利用了公司的资源，减少了部门间工作的冲突，增加了横向沟通，降低了每个项目的执行成本，使部门经理有机会通过领导和参与各种项目，获得更多领域的知识和技能，丰富多部门、多专业管理的经验和阅历，使他们的个人价值提高能够胜任未来的高层职务，获得职业上的发展。企业为了鼓励中层经理的职业发展，在对他们的评价和考核中除了对他们原先的部门工作的业绩指标考核外，也加入了对他们所组织领导的项目的考核。通过公司的各项激励机制，保证在项目工作中的成员有充分的积极性和成就感。

矩阵型结构对管道行业来说更有现实意义，有利于工程项目的顺利实施。考虑到行业安全性方面，加强了工程施工的质量保证，责任落实到个人即项目经理。

9.人力资源开发管理

科学的人力资源开发管理体系由人力资源战略规划体系、招聘录用体系、绩效考评体系、薪酬福利体系、调配安置体系和教育培训体系组成。建立起人力资源战略规划体系。人力资源规划是对公司人力需求与供给做出分析、预测和评估，是公司发展战略规划体系中的重要组成部分，它着眼于为实现公司经营战略目标预先准备所需人才和提供强有力的人才作为保障，并为公司人力资源管理活动提供指导。它包括：核查现有人力资源，关键在于弄清现有人力资源的数量、质量、结构及分布状况；分析现有人才开发使用情况及存在的问题；预测未来人力资源需求，确定人员需求量；制定匹配政策，确保需求与供给的一致；确定具体行动计划或措施；做好反馈调整。

（1）建立人员招聘录用体系

人员招聘录用是根据公司发展需要，通过工作分析（工作内容、职责、经验、教育程度和技能等），确定公司用人的数量、类别、工作条件、任职资格、拟定工作说明、工作规范和用人程序，在人力资源规划指导下把优秀、合适的人才招纳进来，并将合适的人放在合适的岗位，是企业制胜的关键因素之一。做好人员招聘工作是不容易的，涉及企业招聘政策的制定，招聘渠道的选择、求职申请表的设计以及招聘程序的规范。招聘录用体系包括：人才甄选技术设计（针对管道行业性质设计情境模拟、心理性格、劳动技能、适应能力、综合素质和发展潜力测试）；工作分析、职务设计和工作规范；招聘录用程序；人才测评程序。

（2）建立开放式的全员绩效考评体系

员工薪酬确定、晋升与降级、奖励惩处、资格的认定、能力的确认等都需要对员工有一个客观公正、科学合理的考核评价。绩效考评是企业人力资源开发管理工作中的难点和重点，必须认真对待、高度重视，制订一套符合实际、具有较强操作性的绩效考评实施方案，并在公司内部大力推进实施。绩效考评是对其品德、才能、素质、潜力、长处、短处、个性、抱负等多个方面进行全面而客观的考察与测评，从而得出被考评者对某一既定职位的胜任能力如何以及是否需要训练的结论。绩效考评分为管理干部、工程技术人员、营销人员、生产管理人员、操作工等各类人员的评价标准和考评程序。绩效考评的目的：一是帮助员工认识自己的潜在能力，并在工作实际中充分发挥这种能力，以达到改进员工工作目的和促进员工的训练发展；二是可以作为工资、奖金、职务晋升、调动和辞退的重要依据；三是有利于改进集团人力资源管理工作。从定期的绩效考评中发现存在的问题，并及时吸取经验教训，以便今后改进提高。

（3）建立全员教育训练体系

实践证明：全员教育训练作为人力资源开发的主要手段，是开发人的潜能，提高人的综合能力和素质的有力保障。全员教育训练体系应考虑的方面：终身教育制度；由单纯的技术培训发展为以知识培训、技能培训和态度培训三个方面为核心的全员教育培训体系；建立由外部训练师资、内部专业培训机构和岗位培训相结合的培训队伍；开展以在职培训、半脱产培训为主，多层次、多渠道、多形式的培训网络。其中案例分析、模以训练、研讨班等情境培训方法在近年得到广泛应用，值得借鉴。企业教育培训方向是多样化，一般分为决策层、管理层、专业层和操作层，形成一个具有特色、全方位、立体式的训练网络体系，以适应和服务市场竞争的需要。全员教育训练体系应包括培训效果评价、跟踪反馈和修正提高系统。四公司的培训体系具有一定的优势。但是科学完备的体系还不曾体现，应该建立科学的与员工职业生涯和企业发展相适应的全员教育训练体系。

（4）建立调配安置管理体系

调配安置管理是指将企业活动之必要的一个职务，分配给应当担任此职务的从业人员。如何合理、科学和有效地进行配置是集团未来发展面临的一个重大问题，切勿掉以轻心。通过以配置管理所需的职务分析，心理素质、专业知识和综合能力的测评，能够较为准确地掌握从业人员的能力、性格和特长，从而便于量材使用，减少人才的浪费，即达到合适的人在合适的岗位的目的。这里包括专业人员轮岗制度、中层干部轮岗实施办法、干部晋升条例、职能资格制度、专门职务制度、内部人才市场暂行管理办法、员工职业生涯制度、失职面谈制度等内容。

（5）建立富有竞争力和吸引力的薪酬福利体系

建立健全一套完整的工资、奖励制度和福利待遇保障体系，是现代企业人力资源管理的一项基本又紧迫的工作。因为公平、合理和规范的激励机制是吸引人才、留住人才，发挥广大员工工作主动性、积极性和创造性，为集团再创辉煌出谋划策或贡献才智的动力源泉。它包括工资管理制度（工资额管理、工资形态管理和工资体系管理）；医疗保险制度；社会养老退休制度；住房、子女教育、年休假、出国旅游、职工持股、年底分红等其他福利保障体系，真正建立起全新的"事业留人、感情留人、利益留人"机制。

10.四公司独特的企业文化

公司的企业文化应该是企业战略的重要组成部分，也不仅是停留在纸面上的，而且必须和一定的制度相互联系，体现在工作过程中。从三个层面进行改革，包括精神层、制度层和物质层。第一，重新审视价值观念，确定以服务为中心，施工为手段，全面协调发展的核心价值观念。并且根据可持续发展战略重新洗牌，对公司的管理体制、组织结构、运行方式、营销理念、财务体系、薪酬管理重新分析、定位，使企业相关业务同企业总体可持续发展战略相适应。第二，制定相关关联制度，保障企业文化的顺利实施。针对企业文化和企业管理的其他相关要素，制定相应的管理制度，使各项工作有标准、准确地进行。制定全体员工行为规则、领导行为规则、中层管理人员行为规则、生产人员行为准则、营销人员行为规则。第三，物质层方面的内容不是简单的买来买去的关系，而是能体现公司特色的企业标志，而应制定在不同地点场合的自己独特的标志、海报、宣传，使公司无时无刻不在宣传自己的企业文化，使公司处于一种自我的文化氛围中。

企业文化的实施，随着适应企业可持续发展战略企业文化的制定，文化实施是一个重要方面。建立组织与制度；系统培训和研讨；文化传播；活动育人。从四公司市场获取途径方法中，我们可以看出，四公司的业务主要靠管道局（管道局以整体对外进行市场开发，然后分配到各公司）的业务分配的，是被动的。

企业可持续发展的核心是创新。企业的核心问题是有效益，有效益不仅要有体制上的保证，而且必须不断创新。只有不断创新的企业，才能保证其效益的持续性，也即企业的可持续发展。随着知识经济时代的不断发展，知识创新、技术创新、管理创新、市场创新等已成为企业发展的动力。企业可持续发展重点强调的是发展而不增长。无论是企业的生产规模还是企业的市场规模，都存在一个增长的有限性。增长是一个量的变化，发展是一个质的变化。一个企业不一定变得更大，但一定要变得更好。企业可持续发展追求的是企业竞争能力的提高、不断地创新，而不只是一般意义上的生存。

企业可持续发展、企业创新的具体落实首先在于企业的战略目标上。企业要在对企业未来发展环境的分析和预测基础上，为企业提出总体战略目标，企业的一切目标都服从于或服务于这个战略目标。其次，企业可持续发展在于环境的应变性上。成功的企业都有较强的适应环境变化的能力，这些能力是企业对市场信号显示的反应。因此，有人在界定长寿公司时指出："对周围环境的敏感代表了公司创新与适应的能力，这是长寿公司成功要素之一。"企业的适应性还表现在对生态资源利用的适应性，企业如果忽视对生态资源的保护和利用，企业就很难实现可持续发展目标。最后，企业可持续发展表现在竞争的优势性上。企业可持续发展与社会、生态系统可持续发展的不同之处是，社会、生态可持续发展要实现的是一种平衡，而企业可持续发展要实现的是在非平衡中求得竞争的优势。企业可持续发展过程中，必须不断地提高自身的竞争能力和水平，才能实现永续发展目标。

第四节　企业可持续发展与财务

产品和服务溢价能力、成长性、资产管理水平、资本收益、债务能力和品牌形象是企业可持续发展不可或缺的财务要素。在这些财务要素的推动下，只有把握好、控制好、配置和管理好企业资源，才能实现企业可持续发展目标。

一、公司溢价能力

当产品和服务有溢价能力时，公司发展才具有可持续性。可持续发展公司有相同的经营特质：溢价能力高、市场占有率高和品牌知名度高。像可口可乐的差异性和沃尔玛的成本领先都是溢价能力的杰出代表。在销售成长中，持续稳定的销售毛利率是衡量公司溢价能力最典型的财务指标。

家电业是一个竞争比较充分的行业。从财务角度看，格力电器销售毛利率一直稳定在 17% 以上，波动性小。在金融危机下，销售毛利率屡创新高，展示了格力利用危机控制成本的能力。早年，格力 85% 的收入来自国内市场，海外市场下滑了 38%。在正常经济环境下，格力销售可以保持 30% 的增速，公司溢价能力可见一斑。从经营角度看，格力在产品服务溢价方面有一套自己的做法，通过"淡季贴息返利"和"年终返利"的财务策略提高市场占有率；通过推陈出新，利用新产品稳定溢价；通过资本纽带建立营销渠道，凭借卓越的品质和营销，确立了空调行业领导者的地位。

二、公司成长性

成长性为公司溢价能力提升了话语权，为可持续发展增加了抵御风险的筹码。资产价值是公司经营规模及其多样性的财务表现。拥有亿万资产的公司也是从小到大发展起来的，经历过无数的经济周期和危机的洗礼，在风雨中成长，在沉沦起伏中把管理做得更加规范，把抵抗风险能力锤炼得更加坚强。经营规模小、投资机会少、抵御风险能力弱。经营规模大、收入来源多，可以减轻公司财务对经济周期的依赖性，度过经济萧条的严冬。资产增长为公司产品服务成长保驾护航，是产品服务增长的必要条件，不是充分条件。尽管资产增长不一定能够带来产品服务增长的可持续性，但如果没有资产增长，产品服务可持续增长则不可能实现。

营业收入可持续增长是公司竞争优势的财务表现。如果没有这次金融危机，格力电器的营业收入将呈现可持续的高速增长。在金融危机下，格力采取了积极的扩张战略，资产增长呈周期性波动，再现了格力电器产能扩张、消化、吸收和利用。避免产能过剩的经营谋略。资产周转率就是这方面的最好印证。净利润是公司投资的"再生能源"，是公司可持续成长的基础。净利润增长是净资产增长的内在动力，增发股票是外在力量。格力净利润增长始终保持在21%以上，即便在金融危机时代，净利润增长也达到了38%，这是格力坚持技术质量取胜，走自主研发道路，不断推出新产品，通过创新提高公司核心竞争力的回报。

三、资产管理水平

在评价流程管理效率方面，资产周转率是综合反映资产利用效率的财务指标，其他资金周转指标只不过反映了局部的资产使用效率。公司在追求高的存货周转率时，很可能导致低的应收账款周转率出现。按下葫芦浮起瓢，各种资产组合效果最终要靠资产周转率担当。在正常经营环境下，资产周转率的波动性是考验公司管理流程稳定性的财务指标。只有稳定的管理流程，公司发展才具有可持续性。

在无数小决策下，公司资源和能力得到充分挖掘和利用。在可持续性发展方面，小决策胜于大决策，树大招风。大决策容易被竞争对手识别和模仿，无数小决策及其组合拳是竞争对手难以模仿的，是买不走、学不会、偷不去的。沃尔玛资产周转率始终保持在4次以上，竞争对手只有两次，沃尔玛的大决策昭然若揭。小决策鲜为人知，为沃尔玛可持续发展添砖加瓦。除了金融危机影响外，格力电器的资产周转率呈稳步上升的态势，显示格力资产管理水平不断改善和稳步提高，具有可持续发展的特征。

四、公司资本收益

高的净资产收益率为每股收益可持续上升提供了动力。净资产收益率是衡量公司为股东创造财富的指标。其缺点是没有将借入资本与股权资本同等看待，后果是高的净资产收益率可能隐藏巨大的财务风险。净资产收益率与财务杠杆之间讳莫如深的关系，掩盖了公司真实的获利能力。打通债务资本与股权资本界限，消除资本结构对评价公司盈利能力的影响，要使用资本收益率。资产净利率把不需要付息的流动负债纳入囊中。因流动负债的波动将直接触发资产净利率的波动，同样模糊了人们对公司盈利能力的评价。从融资角度来看，可持续发展表现为公司能够从资本市场上，不断地筹集发展所需要的资本，保持高的资本收益率是公司可持续融资的市场要求。

格力电器净资产收益率一直保持在比较高的水平上，呈波动性上升趋势。与净资产收益率相比，格力的资本收益率显得不是那么高。这主要是资本收益率消除了非经营性资产收益和财务杠杆效用，集中体现了公司核心资产的经营绩效。从家电行业的发展前景来看，10% 以上的资本收益率不仅高于同期存贷利率，也高于同期 GDP 水平和资本成本，为格力经济增加值提供了安全保障。

五、债务能力

在评价公司债务能力上，资产负债率因忽略无形资产（如品牌）的价值而存在缺陷。就可持续发展财务而言，处于相同的生命周期，同行业的公司资本结构都应具有相似性。只有这样，财务才不在可持续上给公司发展添乱。衡量公司债务能力比较到位的指标是已获利息倍数和市值资产负债率。债务能力与公司盈利及其稳定性藕断丝连，已获利息倍数实质上是与盈利相关的财务指标，通过盈利超过利息倍数表达公司债务能力，并通过提高倍数消除盈利波动性影响，维护公司可持续发展形象。市值资产负债率是市场对公司未来盈利预期的结果，隐含地表达了公司无形资产的价值。市值资产负债率低，是资本市场基于公司未来发展对其偿债能力的强力支持，在可持续发展道路上，债务能力至少不会给公司经营添堵。

格力的资产负债率高达75%，这样的债务水平不可谓不高，市值资产负债率相对低很多。从格力历年的债务结构来看，长期负债很少，公司债务与银行少有瓜葛，这一点可从已获利息倍数看出。格力已获利息倍数相当高，这是公司经营模式和大量采用商业票据运作导致的。

流动比率不足之处在于没有将公司运营模式、成长阶段和行业特点表现出来。格力运营模式是自建营销渠道，与经销商建立长期战略同盟关系。资金调动大量采用商业票据，用票据抵押开出票据的手法，消除公司流动资金缺口，实现公司平稳经营。格力流动比率在1附近波动，速动资产占流动资产50%以上。从财务角度看，这是非常激进的流动资产管理模式。格力一直是这么做的，从过去到现在，没有出现不可持续的迹象。如果换个角度来思考，格力依靠品牌优势，大量占用了供应商和经销商的资金。一个愿打，一个愿挨。只要供应商不断补货，经销商不断预付款，流动比率比较低也不会影响公司正常经营。格力正是利用了商业信用优势，降低了融资成本，提高了公司盈利能力。

六、品牌形象

溢价能力与品牌形象相关。品牌形象要么使公司处于市场领先地位，提升市场占有率；要么维持顾客对品牌的忠诚，让顾客支付高价钱，避免恶性价格竞争。品牌形象要靠广告媒介吆喝，要有营销渠道支持。在公司财务上，品牌形象可以通过销售费用与营业收入的比较来表达。将品牌形象从产品服务层面延伸至公司层面，要有可持续研发费用支持和营销战略投入。按照国际现行标准，研发费用与营业收入之比，持续低于1%，企业生存可能面临问题，更不用说可持续发展。研发费用是衡量企业竞争和发展潜力的指标，相关资料显示，欧、美、日企业研发费用一般占销售收入的4%~8%，高新技术企业甚至高达15%。财务上能够反映公司整体品牌形象的指标是托宾的Q。托宾的Q是用来反映企业市场价值与重置资产账面价值关系的指标，投资者用来测量公司未来盈利潜力。只有托宾的Q是大于1的增长，公司投资才能为公司股东创造财富，这样的增长才是真实的，公司发展才具有可持续性。

格力将销售费用与营业收入之比稳定在 10.43% ~ 13.61%，建立了比较稳健的市场品牌营销战略，占据了空调市场第一的位置，为巩固市场话语权和保持持久竞争优势奠定了基础。由于格力电器没有公布研发费用，无从分析研发费用占营业收入的比重，但从无形资产与营业收入之比的趋势来看，随着销售收入的增长，无形资产也在不断增长，这验证了格力研发费用的投入。格力电器托宾的 Q 分别为 1.56、0.77 和 1.09，这是市场对格力未来发展的评价，其他年份托宾的 Q 因股权分置影响变得毫无意义。

格力电器能够从小到大、从弱到强地成长起来，其成长路线图本身就蕴藏着可持续发展因子。稳定的销售毛利率和逐步提升的资产周转率是格力电器可持续发展比较鲜明的财务特征，也是公司配置资源的着力点。以史为鉴，就可持续发展财务而言，公司要以能够体现可持续发展属性的财务要素为突破口，管理好公司的资源，格力电器如此，沃尔玛也是如此。

第五节　低碳经济下的企业可持续发展

随着全球气候问题日趋严峻，"发展低碳经济，向低碳社会转型"是国际社会为应对全球气候变化而做出的战略选择。在全球节能减排、实行低碳经济的大环境下，如何应对潜在的政策和商业风险，甚至借此创造竞争优势成为企业高管面临的一大挑战。

一、低碳经济下的企业可持续发展

（一）"低碳"是企业在未来持续发展的保证

近年来，企业越来越清楚地意识到，如果不尽快采取包括低碳在内的可持续发展战略，它在未来付出的代价将高于今天为可持续发展战略投入的成本。随着全球有限资源的逐步消耗，企业正在或即将面临来自各利益相关方的压力，要求企业采取实际行动证明它们对其赖以生存的环境和社会负责。总之，可持续发展战略为企业能够顺利地在当前环境下运营，并在未来环境下持续生存与发展提供了保证。

（二）企业碳管理战略需要完善的财务管理支持

越早行动的企业，越早获得竞争优势。在碳经济时代，一个产品要附加上它的碳排放量成本，才是产品最终的成本，因此，碳排放量的成本越低，产品越有竞争力。企业从三方面着手制定碳管理战略：首先，要了解企业目前的碳排放情况，明确管理方向，比如是以提高能效的方式还是以碳交易的形式来减排，如何平衡投入和收益。其次，碳排放量的管理，比如确定碳排放测量的界限以及重要排放来源。最后，就是建立一个相对健全的报告系统。这三方面都需要企业完善的财务管理作为支持。

（三）低碳经济下，财务专业人士起重要作用

在针对碳排放的企业结构转型中，财务管理人员扮演着对内风险管理和整合数据，对外关注动态和通报信息的重要沟通枢纽角色。此外，"综合报告"目前正受到国际上的关注，被广泛认定为企业报告未来的发展趋势。它需要企业整合并披露所有影响公司未来财务业绩以及公司风险评级活动的环境、社会及治理因素。财务人员作为报告的撰写者势必要加深对环境和社会对经济发展的影响，才能更好地发挥作用。财务专业人士在评估企业风险，保证碳排放数据的准确性和完整性，平衡成本与效益以及有效支持管理层决策等方面，必将发挥重要作用。

（四）低碳人才也将成为"抢手货"

实施可持续发展战略需要企业管理层和各级员工的通力合作。与此同时，根据产业及企业的个别情况而定，战略实施的不同阶段还需要某些特定的知识和技能。例如，在收集数据查明企业使用碳的过程中，需要结合企业所在行业的特性采取特定的计量方法。目前，具备相关技能的人才明显短缺，这意味着那些能够适应低碳经济发展、及时汲取相关经验和拓展技能的人才将成为新兴绿色经济体中抢手的人才。

（五）节能减排需要完整系统支持

如果整个市场都有节能减排的意识，企业就能通过工业化降低节能成本、提高效率。这不仅要靠公司的努力，更要有一整套系统支持，有政府参与，有完善的能源审计部门参与，这样的节能才是真正有效的。这需要一个过程，但首先我们要有决心和有信心做好节能减排工作，而企业积极参与的动力之一，

就是这确实能够转化为巨大的收益。

（六）"低碳先行"，优化考纲与实践分享并重

关于企业可持续发展的重要性及其对企业管理和战略的影响，ACCA 不仅将其含纳在资格考试的相关科目中，在后续教育活动中也不断地将企业可持续发展方面的最新动态呈现给 ACCA 会员，以确保会员相关知识的持续更新。例如举办的系列可持续发展圆桌会议，目的是提供一个互动的平台，让企业高管，尤其是财务高管，对碳排放和可持续发展方面为企业带来的影响、风险及机遇，提高认识，交流经验，从而做好准备，投入行动，赢得先机。

二、持续发展战略的生态维度

可持续发展战略的提出在人类生态伦理观的发展史上具有重要意义。可持续发展战略的生态维度不仅在于它完成了人类中心主义的生成与解构，还在于它蕴含着协调、永续发展的生态思想。

面对当今世界全球性的生态危机，国际社会众说纷纭，纷纷提出了各自解决问题的答案。在众多的方案中，可持续发展战略因其思想的深刻性和解决问题的实践操作性，颇为引人注目。不可否认，可持续发展战略已成为人类社会跨世纪发展的战略抉择。要坚持和落实这一战略，就必须重新审视人类中心主义，在思想观念上对人类重新定位，同时做到与自然相生共容，和谐发展。

（一）人类中心主义的生成与解构

过去生态伦理学中的人类中心主义，确实有这样或那样的局限性和缺点，但主要局限性并不在于它主张以人类的道德关系作为其对象，不在于它主张以人类为中心，而是因为它不能从人类的长远的、根本的、可持续发展的观点和视角来看待生态环境问题，而对自然中心主义也要采取辩证的态度，它在生态危机日益严重的情况下，提出环境保护和生态平衡，可谓切中要害，为人类谋福利，它强调动物的解放或权利，凸显出它并没有看到生态问题的症结之所在。生态问题的症结不在于动物和植物有没有权利，而在于人类滥用自然，竭泽而渔的方式损害了文明持续发展的权利。不管是人类中心主义，还是非人类中心主义，无一不违背了恩格斯一百多年前对我们的告诫，我们必须时时记住我们统治自然界，决不像征服者统治异族人那样，决不像站在自然界之外的人

似的。相反地，我们连同我们的肉、血和头脑都是属于自然界和存在于自然界中的，我们对自然界的全部统治力量，就在于我们比其他一切生物强，能够认识和正确运用自然规律。

随着时代变迁而发展的人类中心主义，将人类从征服自然的信条下解放出来，这是历史的一大进步。身处生态危机中的人类反思传统的自然观，经过艰辛的探索，人类终于对人与自然的关系产生了全新认识。在此基础上，人类形成了一种新的观点——可持续发展。毋庸置疑，正视现实，在人与自然的关系上，在人对自然的掠夺过程中没有谁是胜利者，人虽然暂时会取得一点胜利，但自然会加倍地报复人类。传统的自然观造成了人与自然的对立，并且以人类征服自然的合理性为最高形式，从而导致人与自然的双向异化，自然被人分割，人类被自然左右。

因此，解救人类困境的钥匙在人类自身上，人类首先要从思想上转变认识，即把自然当成人类的朋友，建立起人与自然的协调发展的新型关系，寻求一个人与自然和谐同处的理想世界，从而消除人与自然的对立和冲突。人类必须对自然采取全新的态度，它必须建立在协调关系上而不是征服关系上，必须发展一种对自然的新态度，它的基础是同自然协调，而不是征服。

（二）新生态伦理观

可持续发展战略的基本维度"可持续发展"是这样一种观念，即既要满足人的需要，又不能以破坏环境为代价；既要满足当代人的需要，又不损害后代人的长远利益，它既强调现实的发展，也注重未来的发展。可持续发展是一种从环境和自然资源角度提出的关于人类长期发展的战略和模式，它不是一般意义上所指的一个发展进程要在时间上连续运行、不被中断，而是特别指出环境和自然的长期承载能力对发展进程的重要性以及发展对改善生活质量的重要性。可持续发展的概念从理论上结束了长期以来把发展经济同保护环境与自然相互对立起来的错误观点，并明确指出了他们应当相互联系和互为因果。人类的发展有赖自然界的发展，自然界的发展也有赖人类的发展，它所追求的是促进人类内部的和谐以及人与自然之间的和谐。我们既可以把可持续发展伦理观看作当代生态伦理学的应用和实践，也可以把它看成是当代生态伦理学的发展。它的最大特点是融合了各个学派的基本点或共同点，把它实际应用到解决人类发展问题上。

我们必须对人与自然关系采取一种整体主义的立场，把人与自然看作相互依存、相互支持的整体，即共同体。可持续发展理论所强调的可持续性是建立在自然资源有限性的基础上的，或者说，人与自然和谐具体体现在人类发展的可持续性与自然资源有限性和谐之上，这就构成了人与自然的共同体。在构成现实世界的世间万物中，只有人才具有理性，具有从根本上改变环境的能力，能够破坏环境，也能改善环境，因此人有正当理由介入自然中。可持续发展伦理观认为，人类为了可持续地生存和发展，必须更有理性地介入自然中，调整人与自然的关系，实现人与自然的和谐。应当看到，人类中心主义作为西方文化的主流观念在探讨当代环境问题根源和承认自然界价值以及主张人类必须承担保护自然的义务方面有过建树，但它以人的利益为价值判断的传统观念并没有实质性改变。我们也应当承认，非人类中心主义对于纠正人们长期以来习惯的人类利益高于一切，人类需要绝对合理的思维模式具有积极意义，但它忽视了人类文明的合理性，也没有看到人类调整自己行为的理性力量，可持续发展理论虽然也被看作从人类中心主义出发的发展模式，但可持续发展伦理观更强调人类可以有理性地约束自己的行为，努力实现人与自然的和谐，所以，它成为被全世界普遍接受的人类迈向新文明的一种现实选择。

在处理人与自然的关系上，人与自然的关系是相互作用的。人是从自然中分化出来的，是具有自我意识的一部分。脱离自然界的人，同脱离人的自然界一样，都是空洞的抽象，现实、事物、感性都是人与自然相互作用的产物。自然与人应该是在平等的地位上，人类之所以能统治自然界，是因为我们能够认识和正确运用规律。人作用于自然，自然也反作用于人。人依赖自然而生存，自然为人类提供必要的生活资料和劳动资料。同样地，人类从自己的主观能动性出发作用和改造自然，自然也会给人以反作用。如果人类不遵循自然规律，任意破坏自然界的生态平衡，自然也会予以报复。

可持续发展伦理观认为，人和自然既有相互依存的工具价值，又具有各自独立的自身价值。自然对人的工具价值在于它的可利用性，人对自然是互为尺度的关系。衡量这种价值的尺度，既不在人与自然自身之内，也不在对方之内，而在于人与自然的共同体，这才是唯一的价值主体。由此可以明确人对自然的权利和义务。一方面，人有权利利用自然，满足自身的需求，但这种需求必须以不改变自然的连续性为限度；另一方面，人有义务在利用自然的同时为自然提供相应的补偿。"可持续发展理论强调，必须调整人对自然权利和义务的界限，以恢复自然的正常状态"，这就是可持续发展伦理观对生态伦理学的贡献。

由于现代科学技术的飞速发展，人类文明已经达到前所未有的高度。而人类的这种空前强大的力量使得人们在人与自然的相互作用中显示出对环境和资源的巨大支配力。另外，与这种支配力相伴而行的是对环境和资源的巨大破坏力。这种破坏力如此强大，以至于在人类征服自然过程中，在某些领域使环境的破坏不可逆转，使某些资源不能再生，使自然界本身自我修复、自我再生的能力有根本丧失的危险。在这生死存亡的历史关头，人们不能不重新审视人与自然的关系，改变观念和端正态度已成为历史发展的必然要求。这就是改变过去那种人与自然的对立斗争以及一味征服的旧观念，而代之以符合时代特点的新观念，建立人与自然之间的和谐、统一的新关系，走可持续发展道路。正是这一点构成了可持续发展战略的基本的生态伦理维度。

第八章　新时期企业经济管理中的
发展与创新

第一节　企业经济管理发展与创新

在市场经济体制下，尤其是随着我国社会主义市场经济体制的日益完善，企业依照创新特别是制度创新来赢得更大市场份额、获取更大市场竞争力的要求越来越迫切。所谓的经济管理，主要是指企业依托自己的长远规划和战略目标，采用系统理论发现企业管理中的不足，并提出针对性解决措施，以期能够提高企业的核心竞争力、增加企业的经营利润，并获得可持续发展能力。

一、当前企业发展的环境概况

面对疲软的国际市场需求，我国的企业如何实现持续、良好的发展成为研究的热点和难点。不少经济学专家认为美国次贷危机引发的国际金融危机已经过去，或至少已经进入了危机末期，包括美国在内的部分国家经济形势已经得到了恢复性增长，外部市场需求也开始恢复。然而，前些年，欧洲债务危机的发展，使得欧洲尤其是欧元区的经济和市场需求，引发了进一步变化。在新的外部环境变化的影响下，国内企业需要重新规划自己的发展战略，不断评估市场的需求变化情况，以期通过自己的变革来适应后金融危机时代和欧债危机期间的发展环境。企业的经济管理非常强调系统管理方法，创新企业经济管理制度，需要全面审视企业当前的内部制度和外部环境的匹配程度，重点从企业的生产、人力资源、内部控制等方面进行突破。经济管理的创新是全方位的，既有企业管理理念、危机意识方面的构建和创新，更有制度方面的完善和变革，只有真正实现现代化的、全方位的自身管理制度革新，才能够适应新的市场环境。

知识经济已经成了当前企业发展环境的典型特点。在知识经济时代，各种信息化手段的运用是不可或缺的，唯有紧急抓住信息化变革的脉搏，重视各种先进信息技术的运用尤其是现代化决策系统的构建，才能从根本上变革企业的作业流程、精简企业的管理层次，实现信息传递、消息反馈和管理效率的三重提升。

收集整理是适应知识经济时代的关键因素，企业变革经济管理制度，必须高度重视企业管理人员思维模式、管理理念的现代化和时代化，及时主动更新自身的知识结构，为企业的经济管理创新提供必要的智力支持。

（一）企业进行经济管理创新的必要性

1. 经济管理创新是新形势下更新企业管理理念的必然要求

不可否认的是，虽然我国企业在适应市场经济体制、参与国际市场竞争方面的进步巨大，但是相对于有几百年市场经营经验的国外企业而言，还有许多地方需要学习和变革。缺乏先进的管理理念是我国企业普遍存在的问题。不少企业已经充分认识到了企业革新经济管理的重要性，但是由于各方面原因，只有少数企业有良好的实际表现。拖后腿的管理理念使不少企业只能够进行表面的经济管理革新，没有发生本质性转变。突出表现就是，企业采用旧的管理理念指导企业一切运营和制度革新，导致企业无法完全适应市场经济体制的各种运行规则，最终阻碍企业的长远发展。

2. 经济全球化是新形势下更新企业管理理念的外在动力

世界经济的联系日益密切已经成了不争的事实，其他国家的经济波动便会直接反映在国际市场中，并有可能对本国的经济发展产生不利影响。面对日益激烈的国际市场竞争环境，我国企业单纯依赖低成本优势占领国际市场的美好时光渐渐远去。通过实现企业经济管理的创新，提高产品质量、突出企业特色、增强企业创新能力，已经成了企业实现可持续发展的必要条件。通过对近几年国外企业发展战略调整的观察，我们可以清晰地看出，国外企业都在不约而同地进行自我变革，努力突出自己的特色优势。这为我国的企业发展提供了充分的启示。

3. 制度落后是新形势下更新企业管理理念的内部原因

与国外企业相比，我国企业不论是在制度现状方面还是在重视程度方面，均存在较大差距。面对日益激烈的市场竞争，企业为了获得更大的生存空间，必须进行自我变革，必须推进企业经济管理变革。很多企业经营实践表明，由于缺乏先进的管理制度，企业管理制度的先进性无法得到体现，内部控制一直难以有效落实。目前，不少企业的内部控制目标定位偏低或者脱离实际，而且由于这些目标往往过于形式化，没有办法保证企业内部控制运作的高效性和规范性，企业的协调机制无法统一化，最终导致企业经营效益下降。

（二）在新的历史形势下企业进行经济管理创新的途径和方法

1. 以先进理念作为指导思想

探索新的历史形势下企业进行经济管理创新的途径和方法，必须有先进的理念作为指导。只有在先进理念的指导下才能够确保经济管理制度创新方向和原则的正确性，才能够保证企业的创新规划符合企业的根本发展战略，才能够保证企业制定出科学的、合理的管理策略和执行方法。具体而言，在企业进行经济管理创新中贯彻先进理念，必须做好两点：第一，坚持上下结合的理念贯彻路径。企业的管理层和领导人需要自觉地掌握先进理念，作为企业发展的领头人，他们的经营理念是否先进将会直接决定企业的发展状况；同时，企业职工作为企业数量最多的集体，他们是执行先进理念的一线人员，他们的理念是否先进将会直接影响企业各种管理制度、经营方针的执行效果。因此，贯彻和落实先进理念需要企业高层和企业基层共同努力，让企业的全体人员均能以先进的理念创新经济管理，并高效执行各种相关政策。第二，要勇于破除旧理念。破除旧理念需要极大的勇气和卓越的见识。企业领导层在逐步纠正旧理念的过程中，需要循序渐进，严禁急功近利；坚持步步为营，让企业组织在彻底消化一部分新理念的基础上来逐步推动新理念的完全落实，避免因为行动的过激和过急导致企业无所适从。

2. 实现经济制度的创新与完善

制度的完善与创新能够让经济管理的改革持久发挥作用，这是在探索企业经济管理创新过程中总结的重要经验。企业经济管理的创新成果需要通过制度的建立来巩固。完善和创新相关制度，企业必须学会通过建立约束性条款的方式来让企业自身和全体员工依照相关规定自觉运行，并密切企业和全体人员之间的联系。为了激发企业潜在的创新能力，需要构建起全面、有效的激励体系，让员工的各种有益创新行为得到奖励，形成示范效益，进而增强整个企业的创新氛围和创新活力。另外，与制度创新相匹配的组织建设和组织创新也应该同步进行，使组织成了制度得以落实的有力载体，推动企业的全面可持续发展。

3. 强化企业的内部控制管理

第一，加强对企业各部门的调控。企业的内部控制是经济管理中重要的组成部分，一些以财务为依靠的企业不能适应市场经济发展的要求，所以，需要对财务部门做出改变，使财务管理向着全面化的趋势发展。第二，完善企业监督体系。随着市场经济的发展，完善一定的财务内部监控工作，对于竞争激烈的市场经济体制有不可估量的作用，建立对财会控制为核心，实行内控机制，提高财务等各部门的认真、负责的态度，避免各种不合规章制度的行为发生。

4. 提高企业的信息化技术实力

信息化技术是实现经济全球化和一体化的基本保证，是当代社会化生产高速发展的首要条件之一。建设能有效降低成本和加快技术革新，帮助企业转换经营机制以及推行现代企业制度，来增强企业产品的市场竞争力。当前企业信息化实现的标志之一就是对信息的快速反应能力，其是企业检验整个企业工率和其产业链在市场竞争力的重要浮标。实现企业信息化，既是社会改革的需求，也是企业适应市场发展的需要。当前，我国企业随着信息化技术的不断发展，企业内部的改革不断地深入，绝大部分企业管理方式正在向创新管理方面迈进。为在未来更加激烈的市场站稳脚根，企业必须变革管理方式，加强管理信息化创新方面的建设是必然的选择和出路。

在新的历史形势下，企业的经济管理制度必须与时俱进，不断适应变化的客观环境，满足企业新环境下的发展需求。因此，创新企业经济管理制度，必须高度契合企业的发展宗旨，有清晰明确的经营目标和管理措施，能够保证获取完成企业发展目标的各种必需资源。

二、企业经济管理创新应把握的重点环节

企业经济管理作为企业一项核心工作，其创新的价值对企业发展具有重要

作用，因此要抓住重要环节，以点带面促进企业经济管理质量的跃升。

（一）经济管理的观念创新是基础

经济管理必须紧密结合市场的发展变化和企业现实的特点，不能一味地沿袭传统的模式，因此首先要在观念上树立与时俱进的意识。一是管理层要树立创新是核心的意识。就是要求企业管理层要将创新作为企业管理的重点，将创新作为考评员工工作质量的重要依据，为其提供良好的外部环境。二是工作人员树立创新是职责的意识。就是要培养其创新的内在动力，使其随时改进管理模式、创新工作方法作为工作的重要职责，加以贯彻落实。三是员工要树立创新是义务的意识。就是要积极鼓励普通员工加入企业经济管理创新活动中，集思广益，实现企业经济管理质量的提升。

（二）经济管理的技术创新是保障

要发挥当前科技进步的优势，将计算机、网络、自动化平台等先进的设备加入经济管理活动中。一是建立完善的管理数据库。企业经济管理涉及企业的方方面面，因此建立完善的数据库能够有效地提高管理的质量和效益，为管理人员提供精确的数据，促进管理质量。二是建立亲民的管理平台。要建立科学的互动平台，使员工有通畅的渠道反映问题，提出建议，为经济管理工作的改进提供支持，如建立企业论坛、聊天群等模式。

（三）经济管理的组织创新是关键

组织模式代表了一种对资源的配置方式，包括对人、财、物资源及其结构的稳定性安排。特别是在当前信息量大、市场变化剧烈的环境下，如何建立适应市场要求，满足企业发展需要的管理组织模式就成了企业经济管理创新的关键。因此，一是建立精干的管理组织。就是要通过职能分工细化等方法，结合先进的科技手段建立精干的管理组织体系，摆脱传统的机构臃肿、人浮于事的问题。二是培养核心的团队精神。就是要通过企业文化的影响、管理结构的改变，提高企业管理人员的凝聚力、向心力，形成企业经济管理的合力，为创新的落实提供可靠保证。三是树立高效的组织形式。通过分工合作、责任追究等方法，促进企业管理模式的改变，形成高效、务实的管理特点。

（四）经济管理的人才培养是核心

一是加强现有人员的培养。对企业现有的经济管理人员可以通过在职培训、脱岗培训等方式，提升其素质，将创新的观念渗透其思想，促进管理质量提高。二是提高新进人员的素质。在对新进人员的招录方面，提高标准，改变传统的以学历为条件的方法，对其创新能力、综合素质进行考核。三是科学规划人员的发展。企业要为其经济管理人员的发展提供保障，在岗位设置、薪酬等方面给予保证。

三、网络经济下企业财务管理的创新

进入 21 世纪以来，随着网络通信和多媒体技术的迅速发展，网上企业、虚拟企业等新的企业系统应运而生，网络经济逐渐形成。网络经济改变了人们的传统的资本、财富和价值观念，使财务管理的环境发生了变化，给企业参与市场竞争带来了新的机遇与挑战，对企业经营管理全面创新将发挥重要的推动作用。财务管理作为企业经营管理的重要组成部分，面临着自身能否快速跟上新技术、适应网络经济的挑战。

（一）财务管理目标的创新

网络经济的重要标志之一是人类生产经营活动和社会活动网络化。财务管理必须顺应潮流，充分利用互联网资源，从管理目标、管理内容和管理模式进行创新。传统财务管理目标以"利润最大化""股东财富最大化"或"企业价值最大化"为主，它是基于物质资本占主导地位的工业经济时代物质资源的稀缺性和使用上的排他性等原因产生的，体现了股东至上的原则。然而，在网络经济下，人力资源、知识资源在企业资源中占主导地位，企业相关利益主体发生了改变，若财务管理的目标仅归结为股东目标，而忽视其他相关主体，必然导致企业相关主体的冲突，最终损害企业的利益和财务管理内容的创新。

1.融资、投资创新

在传统经济形势下，企业的融资是指以低成本、低风险筹措企业所需的各种金融资本；投资资金的运用，主要指固定资产投资和项目投资。而在网络经济下，人力资本、知识资本的管理是企业财务管理的重心。因此，企业的融资、投资重心将转向人力资本和知识资本。目前，在网络经济下企业的竞争是人力资本和知识资本的竞争，谁拥有了人力资本和知识资本，便拥有了发展、生产的主动权。因此，筹集知识资本和储备人力资本将成为网络经济下财务管理的重要环节。

2. 资本结构优化创新

资本结构是企业财务状况和发展战略的基础。而网络财务中资本结构优化创新包括：一是确立传统金融资本与知识资本的比例关系；二是确立传统金融资本内部的比例关系、形式和层次；三是确立知识资产证券化的种类、期限，非证券化知识资产的权益形式、债务形式以及知识资本中人力资本的产权形式；等等。通常情况下，企业资本结构的优化创新是通过投资与融资管理而实现的。只有优化资本结构，使企业各类资本形式动态组合达到收益与风险的相互配比，才能实现企业知识占有与使用量的最大化。

3. 收益分配模式创新

在网络经济下，企业资源的重心转向人力资源和知识资源，有知识的劳动者成为企业的拥有者。企业的资本可分为物质资本和知识资本。企业的拥有者发生了变化，收益分配模式必然发生变革。收益分配模式由传统的按资分配变为在企业的物质资本和知识资本的各所有者之间分配，按照各所有者为企业做出贡献大小及所承担风险大小进行分配。

财务管理模式的创新在互联网环境下，任何物理距离都将变成鼠标的距离，财务管理的能力必须延伸到全球任何一个节点。财务管理模式只有从过去的局部、分散管理向远程处理和集中式管理转变，才能实时监控财务状况以回避高速运营产生的巨大风险。企业集团利用互联网，可以对所有的分支机构实行数据的远程处理、远程报账、远程审计等远距离财务监控，也可以掌握如监控远程库存、销售点经营等业务情况。这种管理模式的创新，使企业集团在互联网上通过网页登录，即可轻松地实现集中式管理，对所有分支机构进行集中记账，集中资金调配，从而提高企业竞争力。

（二）网络经济下企业财务管理的缺陷

网络经济是基于互联网为载体而运行的经济形式，也是电子商务充分发展的经济。由于经济活动的数字化、网络化，出现了许多新媒体空间，如虚拟市场、虚拟银行等。许多传统的商业运作方式被电子支付、电子采购和电子订单取代，商业活动将主要以电子商务的形式在互联网上进行，使企业购销活动更便捷，费用更低廉，对存货的量化监控更精确。这种特殊的商业模式，使得企业传统的财务管理的缺陷暴露无遗。

在网络环境下，电子商务的贸易双方从贸易谈判、签订合同到货款支付等，无须当面进行，均可通过计算机互联网络在最短的时间内来完成，使整个交易远程化、实时化、虚拟化。这些变化，首先对财务管理方法的及时性、适应性、弹性等提出了更高要求，并使得企业财务分析的内容和标准发生新的变化。传统财务管理没有实现网络在线办公、电子支付等手段，使得财务预测、计划、决策等各环节工作的时间相对较长，不能适应电子商务发展的需要。另外，分散的财务管理模式不利于电子商务的发展，不能满足新的管理模式和工作方式的需要。

财务管理传统的结算资料主要来自财务会计的成果，借助经济数学和统计学的一些基本方法，对以财务报表为核心的会计资料进行处理，并据以预测未来经济条件下企业可能达到的损益状况。在网络环境下，电子商务能在世界各地瞬间进行，通过计算机自动处理，企业的原料采购、产品生产与销售、银行汇兑等过程均可通过计算机网络完成。

不能避免财务管理出现的新风险。在网络经济下，传统企业财务管理首先遇到的是网络交易安全问题。由于财务管理中涉及的交易用户由传统的面对面的交易改为通过互联网进行交易，而互联网体系使用的是开放式的 TCP/IP 协议，并且以广播的形式进行传播，交易用户的信息很容易被窃取和篡改，即使是身份合法的交易人，由于采用无纸交易，交易对方也可能会抵赖交易，从而给网络交易安全带来极大威胁。传统的财务管理多采用基于内部网的财务软件，没有考虑到来自互联网的安全威胁，而企业财务数据属重大商业机密，如遭破坏或泄露，将造成极大的损失。其次遇到的是身份确认和文件的管理方式问题。

（三）网络经济下财务管理创新的实施构想

网络经济的兴起，使创造企业财富的核心要素由物质资本转向人力资本和知识资本。因此，企业理财必须转变观念，不能只盯住物质资本和金融资本。首先，企业财务只有坚持以人为本的管理，充分调动员工的积极性、主动性和创造性，才能从根本上提升企业财务管理水平。其次，企业财务人员必须树立正确的风险观，善于观察和面对复杂的竞争环境，能够科学准确地预测市场环境下的不确定因素。最后，要重视和利用知识资本。企业既要为知识创造及其商品化提供相应的经营资产，又要充分利用知识资本使企业保持持续的利润增长。

加强财务人员的网络技术培训。在以数字化技术为先导的网络经济下，财务管理创新的关键是对于网络技术的普及与应用。而对财务人员进行网络技术培训，可提高财务人员的适应能力和创新能力。因为，对于已拥有经济和财会理论基础的财务人员学习现代网络技术，就可将经济、财会、网络有机地结合起来，从多角度分析新经济环境的需要，制定合适的财务策略。同时，通过技术培训可使财务人员不断汲取新的知识，开发企业信息，并根据变化的理财环境，对企业的运行状况和不断扩大的业务范围进行评估与风险分析。只有这样，财务管理人员才能适应网络经济发展的要求，实现财务管理创新。

四、电子商务企业管理创新

电子商务浪潮席卷全球。由于电子商务彻底改变了现有作业方式与手段，又能充分利用资源、缩短商业循环与周期、提高运营效率、降低成本、提高服务质量，电子商务的发展将为企业带来前所未有的发展机会。它将对厂商生产行为、市场营销、企业组织、国内外贸易的手段和方式等产生巨大的冲击，并将引起经营管理思想、行为模式以及管理理论和方法的深刻变革。

（一）电子商务对企业管理的重要影响

1. 电子商务对企业人力资源管理的重要影响

现如今，市场的竞争已经逐渐转变为人力资源的竞争，做好人力资源管理工作，能够最大限度地提升企业的竞争力。电子商务作为一种新型的生产力，是由电子商务技能型的人才控制的，它使得企业在人力资源的引进、奖励、培训、录用以及测试等方面的工作都变得更加容易，且所需要的费用也有所降低，为企业的发展凝聚更多人才；同时，借助电子商务进行人才招聘已被更多企业所采纳，相关的人才流动手段和人才测评等也日益流行起来，企业与员工之间的交流变得更加自由、顺畅，这不仅促使企业的人力资源管理工作更好地跟上时代发展的步伐，而且也带动了企业其他工作的改革与创新。

2. 电子商务对企业财务管理的重要影响

传统意义上的财务管理模式已经无法满足最新形势的发展要求，电子商务的发展与进步要求财务管理要逐步实现从静态事后核算到参与企业经营过程的、动态性的方向转变，从具有独立职能、内部性的管理模式向资金流、信息流、物流的集成性管理方向发展，从封闭式、单机性的财务数据的处理手段到集成化、互联网的方式迈进。总之，在电子商务的发展要求下，企业的财务管理必须具有战略性、智能性、预测性和实时性等特征，督促财务管理工作的不断完善与进步。

3. 电子商务对企业生产管理的重要影响

在实施电子商务之后，企业的各个生产阶段都能够运用网络进行联系，传统意义上的直线生产也逐渐转变为网络经济背景下的并行生产，如此一来，可以节约诸多不必要的等待时间，在提高生产效率的基础上，督促企业更好更快地完成现场管理与全面质量的管理。电子商务对企业生产流程的重要影响可以概括为生产过程的现代化、低库存生产以及数字化的定制生产等，使得企业的生产、供应、配送与设计各环节更加有条不紊地进行。

（二）电子商务背景下企业管理创新的良好策略

1. 重视企业人力资源管理的改革与创新

在知识经济时代，人力资源在社会各行各业发展中的重要性不言而喻，尤其是在电子商务背景下，企业更要重视人力资源管理工作的创新。详细地讲，首先，企业不要坐等着电子商务环境的成熟与完备，而应当根据实际情况，积极有效地运用现有的便利条件，充分发挥电子商务在人力资源的录用、引进与培训等方面的优势，开发出适合企业发展的人才培养模式，并且通过电子商务专题会议、主题性的拓展训练活动、邀请外界专家来企业指导等多种方式，使电子商务模式在人力资源管理中的普及力度得到进一步加强；其次，企业领导者要经常性地深入员工的日常工作和生活中，加强与员工的沟通和交流，鼓励员工针对电子商务积极地提出自己的想法与建议，从而在集思广益的前提下为电子商务的合理运用提供必要的帮助，也拉近了与员工之间的距离，督促企业有针对性地开展人力资源管理工作。

2. 加强企业财务管理的创新

面对着知识经济和电子商务、经济全球化等浪潮的冲击，企业的财务管理工作只有不断地加强完善与创新，才能在这股浪潮中冲出一片天地。具体来说，一是要注重财务管理理论的创新，企业投资决策的重点要放在企业的无形资产、财务目标的变化等方面，要规定人力资本所有者参与到企业税后的利润分配等，使理论的完善指导财务实践的顺利进行；二是财务管理手段的创新，在电子商务背景下，企业要结合自身财务的实际情况，构建与完善更为合理的财务管理信息化系统，实现从传统的纸质数据、电算化的初步磁盘数据到网页数据的过渡和转变，帮助与引导企业逐步实现企业财务和业务的协同以及审计、查账、远程报表等动态性管理，在减少管理成本的情况下，不断地提高财务管理效率，使财务管理工作更好地跟上时代发展的步伐；三是要注重信息系统的安全建设，除了必要的防火墙设置、用户权限规定、常规性的检查等工作之外，还要派遣专业人士定期或者不定期地针对电子商务背景下财务管理的走向，对该信息系统进行实时的补充与完善，使企业的整个财务工作迈入更加科学合理的轨道。

3. 强调企业生产管理的创新

在电子商务不断发展的大环境中，企业生产管理被提出了更多要求，重视企业生产管理的创新，不仅是企业应对电子商务发展要求的重要举措，更是企业实现长足发展的保障。企业要在更大程度上重视现场管理，也就是从生产基层就对人、生产方法、物料以及设备等多方面进行有效的管理与控制，构建更加科学的基层管理体制，将成本管控与工作质量提升融入生产过程中，从而形成效益更高、成本更低、质量更高的局面；此外，还要重视产品的低碳性设计和营销，一方面要强化低碳产品的生产工艺与设计，另一方面要强化外部营销，在降低营销成本的基础上不断地推陈出新，发掘出更适合企业产品发展的广阔平台，这不仅是满足电子商务发展要求的关键环节，更有利于企业的长足发展。企业生产管理的创新还要注重"软实力"的完善，即企业文化，企业文化的构建与完善是一个长期的、系统的工程，是通过树立一种新型的价值观念、道德观念与职业理念等营造出的一种良好工作氛围，因此，企业领导者要采取诸如员工手册内容的完善、设立文化宣传栏、以特定文化为主题的拓展训练活动等方式，使企业文化迅速渗透到员工的思想及工作中，逐步培养员工对企业发展的使命感与责任感，在强化各项生产管理质量的同时，也为电子商务在企业中的顺利推行提供了重要的"软实力"基础。

五、建筑企业档案管理创新

建筑企业档案管理的创新最主要的方向是对建筑企业的档案进行信息化管理，使建筑企业的档案管理从传统的管理模式发展为信息化管理模式。众所周知，档案信息可以用于解决企业面临的纠纷和问题，为企业减少不必要的损失，它可以间接地为企业带来经济效益，属于企业的无形资产。建筑企业实现了档案管理的创新，对其进行信息化管理可以解决建筑企业因基地分散、施工单位流动性大、施工期限长带来的建筑企业的档案管理收集整理难度大、管理烦琐等一系列问题。

（一）建筑企业档案信息化管理的必要性和特点

1.建筑企业档案信息化管理的必要性

档案资源是指国家机构、社会组织和个人在社会活动中形成的对国家和社会有价值的档案综合。当前因为计算机技术和网络技术的发展，对传统的档案管理进行创新必然要向网络化、电子化、动态化、信息化的方向发展。建筑企业之前的档案管理主要依靠人工，建筑档案的分类整理、使用检索等全靠手工作用效率较低。现在建筑工程档案的数目日益增多，工程资料、图纸数量也很庞大。对这些档案依照传统的档案管理方法，大量的纸质档案不仅保存困难、翻阅不易，还不符合节约型社会要求。这就需要我们对档案管理进行创新，并且信息化时代也给建筑企业的档案管理发展指明了方向。建筑企业档案管理必须采用新的发展模式，在档案管理中要探索新的管理方法，使建筑企业档案管理可以与时俱进地保持创新，不断提高建筑企业档案管理的科技含量。

2.建筑企业档案信息化管理的特点

对建筑企业档案进行信息化管理可以实现档案的信息化存储和自动化查取档案。档案信息可以进行实时共享，档案信息化管理具有智能化，档案信息化管理可以进行社会化服务。

（二）建筑企业档案信息化管理问题的解决办法

1.建立档案信息化管理的可追溯系统

建筑企业不同于其他企业，对其档案管理需要建立可追溯系统，对文件自动生成、修改，保留文件的原始状态。在对建筑企业档案可追溯系统进行设计时需要考虑文件自动生成的可靠性，为其进一步发展提供条件。

2.制定信息化档案的使用制度

建筑企业在实行档案信息化管理模式之后，一定要制定相应的规章制度。制定统一的档案格式标准，在对档案进行相关查阅利用时也应制定相关制度，使档案的利用者按照制度填写利用原因和利用内容。在进行档案利用时必须遵照制度，使用专门的软件狗，防止档案被恶意修改或者传播。因为档案的信息化管理会带来相关的电子文件，这时要对电子文件按照国家相关安全保密制度进行保密，保证系统安全。

3.完善技术支持进行技术人员培训

建筑企业档案信息化管理相关技术支持需要遵照当前信息化技术发展，吸收信息化技术新的成就保证档案的长期安全。对于相关技术人员的紧缺问题需要对档案人员进行相关培训，提高他们的工作素养和工作技能。在对建筑企业档案管理从业人员进行培训时应该添加档案信息化管理培训，使他们可以掌握相关档案信息化管理的知识和技能。

第二节　现代企业经济管理中存在的问题

企业经济管理是企业围绕切实可行、有长远规划的战略目标的工作中引入包括组织机构设置和职能、经济管理体系文件、经济管理体系评审、资源管理、内部审核、不符合控制、数据分析、持续改进、核算和计量装置的控制、材料采购过程的经济控制、生产和服务提供过程的经济控制、遵循法律和法规等项目的经济管理体系，当下几乎没有企业可以在经济管理方面做到尽善尽美，不管是哪个管理环节，总会存在这样或那样的问题。

一、企业经济管理

企业经济管理是企业围绕切实可行、有长远规划的战略目标的工作中引入包括组织机构设置和职能、经济管理体系文件、经济管理体系评审、资源管理、内部审核、不符合控制、数据分析、持续改进、核算和计量装置的控制、材料采购过程的经济控制、生产和服务提供过程的经济控制、遵循法律和法规等项目的经济管理体系，用系统的管理方法发现和解决管理企业的问题，通过系统的管理处理企业内部和外部的各种经济和人事上的问题，优化企业的内部编制、加强日常工作的严谨性，提升企业的外部竞争力，切实地加快企业的发展步伐，保持企业利润的稳定实现，形成自己的核心竞争优势，在市场竞争中立于不败之地。

二、企业经济管理中存在的问题及对策

每个企业的生产经营活动，既受内部条件的制约，又受各种外部条件的制约。当下，几乎没有企业可以在经济管理方面做到尽善尽美，不管是哪个管理环节，总会存在这样或那样的问题。以下笔者分别从控制与审核、人力资源管理、企业生产过程三个方面进行简要探讨。

（一）控制与审核

随着电子、数字科技的发展以及思想意识的变更，传统的企业经济管理模式在控制与审核方面已经落后太多。传统的企业管理理念和控制与审核方法，无法使企业的各个组成部分和全部的相关因素进入通盘考虑的范畴，这导致无法实现企业系统功能等于或者大于各子系统的功能。

现代化的企业管理中信息化管理重要性逐步增加，建立统一的管理信息系统是建设企业网络化的管理信息系统，实行公司内部控制制度建设的技术基础。企业管理的一体化，可以从源头上减少管理偏差或错误，规避企业经营风险；要高度重视内部文件的时效性，使员工及时看到最新的公司决策；对外要进行全面及时的信息收集，了解政府的法律法规及最新政策，还要建立与客户的联系，使公司与政府及客户建立三方联系平台，并及时准确地传递给公司决策层。企业应按计划进行内部经济管理体系文件的审核，包括形成文件的经济方针和目标，经济管理手册，企业确定的经济工作程序，企业为确保过程的有效策划、运行和控制所需的文件，应对审核人员组成、资格、方法、范围、时间做出策划，经济管理的记录应符合策划的要求并得到有效实施与保持。内审的记录应保留，且确保记录清晰，易于识别和检查，同时，规定记录的识别、储存、跟踪活动，对所采取措施的验证和验证结果的报告。

（二）人力资源管理

企业结构不能够配合企业战略的实施，没有对工作人员进行技能和经验的教育、培训，造成企业难以整合和提升企业内部的人力资源，引发员工离职率居高不下和核心员工离职等系列问题。

激励机制的缺乏，也是造成人力资源不稳定的因素。缺乏有效的绩效评估制度，使人才的成长落后于企业发展，让员工感到缺乏公正性，对企业丧失信心甚至产生抵触情绪，导致企业出现没有凝聚力、逼迫优秀人才走投无路只能选择离开的现象，造成企业面临人事危机。

人是企业运行的实际操作者，企业若想获得可持续发展，赢得未来的竞争优势，必须对企业中的人力资源进行有效的管理和开发，适当的教育、培训、技能和经验，确保从事影响经济管理工作的人员应是能够胜任的，确保从事影响经济管理结果的人员所必需的能力。企业规避人事风险中遇到的问题需要系统地解决，只有各方面在公正、公平规范的市场环境下，化解风险才有可能，企业发展必须建立完善的福利和社会保障制度，以解除员工的后顾之忧，比如住房问题，解决了住房问题，就等于卸下员工身上一大包袱，从而能更安心于工作，打消许多人的跳槽念头，为企业的长期发展带来不断的动力源泉。再如，为员工缴纳医疗和养老保险。社会保险的作用就在于解除员工后顾之忧，积极投身于自己所从事的工作，解决后顾之忧的同时还需考虑员工的工作和生活环境问题，避免因基础建设引起员工工作不尽心，影响工作质量、工作效率、工作精力。

加强对员工素质的培养同样重要，企业想要发展，根本而言，靠的就是人，是企业的人才。企业培养人才需要做的工作有：提升员工的业务能力水平、开发每个员工特有的潜在能力、让员工加深对企业的认识和了解、积极努力地为企业培养和储备更多人才。随着经济的发展，企业竞争力往往体现在人才及人才知识和能力上。

（三）企业生产过程

在企业生产过程中，不管是前期的采购还是真正投入生产的过程，都存在一些不可预知的因素，而这些因素可能会影响整个生产目标的实现，为确保企业在一个较长的时期内有较好效益并持续发展，所以需采取一种稳定的经济管理模式。

1. 采购

企业应确保采购活动符合经济管理的要求，在确保质量的情况下实行利益最大化，要在采购时实行招标制度和招标企业资质审核，包括供方的信用状况、经济实力、经济管理状况、计量方式、运输手段等，并实行对采购方式、采购程序及供方的履约能力作评价。制定相应的评价准则，保持评价记录。在事物交货阶段，应对国家有规定的计量器具如磅秤进行定期检查，保证其准确性，保证交易的公平性，保护买家及卖家的权益。现在很多企业都实行信息化管理，在实际应用中要对使用的计算机软件进行确认，必要时进行再确认。

2. 生产

企业在生产之初要制订生产计划及目标，但是在生产过程中可能会有一些不可预知的因素，会影响生产目标的实现，所以，企业应采取措施消除不确定原因，防止其再发生，并应该评审，确定原因，确定所需措施，企业应采用适宜的方法对经济管理体系过程进行监视和测量，以证明过程实现所策划的结果的能力，记录并评审所采取的纠正措施的结果以确定经济目标的实现程度。在适当的评审之后，为了防止不符合标准的发生，应积极采取预防措施。一是采取措施，消除已发现的不符合；二是同顾客或相关方协商接受不符合；三是采取措施防止不符合的蔓延。不符合的性质及随后采取的任何措施的记录予以保持。

企业经济管理包括企业的内部控制和审核，人力资源，生产过程等多方面的管理，优质产品离不开全面经济管理。面对今天竞争激烈的市场，企业只有用科学的经济管理体系管理企业的经济活动，建立完善的内部控制和审核系统、信息化系统、生产系统等，才能牢牢把握用户对产品质量的需求。通过科学的经济管理，有效地整合人力、物资及生产，把握质量、品牌、市场三者之间的关系，从而保证企业健康和可持续发展，使企业的利润稳定实现。

第三节　现代企业经济管理应采取的创新策略

一个企业的精髓所在就是该企业的经济效益，这不但是判断某个企业运行是否良好的关键标准，而且是企业之间相互竞争的依据，而提高资金使用效率正是提高经济收益的前提条件。因此，加强企业经济管理提高资金使用效率在企业经营的过程中占据核心地位，是每个现代企业不可忽视的一个重要问题。我们在描述经济管理具体职能的基础上，对加强企业经济管理提高资金使用效率的策略进行分析和归纳总结。随着经济全球化与一体化进程的不断加快，市场竞争日益激烈，在此时代背景下，企业要想在竞争中脱颖而出，必须不断更新设备设施，提高经济管理水平，勇于创新，使企业的经济管理更好地服务于生产经营，认识到经济管理的创新对企业发展的重要性，但目前我国企业的经济管理过程中还存在不少问题。这里根据企业经济管理的特点，立足于我国现代企业的经济管理现状，详细阐述企业在经济管理中的创新对企业的重要作用，最后从多个角度提出企业经济管理创新的策略，帮助企业更好地发展。

一、企业经济管理创新的重要性

随着现代企业的不断涌现，企业管理方面的经验不断得到积累和丰富，对于企业所面临的种种问题也在各个企业精英的思考和探索中得到解决。当下，如何加强企业经济管理提高资金使用效率是众多企业亟待解决的一个重大问题。

（一）经济改革的要求

企业经济管理作为优化和整合企业资源的重要手段，从一定程度来讲，可以将其看成是一种生产力的表现形式，当今市场经济处于高速发展的时期，科学技术更新日新月异，知识经济和互联网经济在当今社会中的作用不断凸显，企业在新经济时代下，如果不加强对经济管理创新，就会落后于其他企业，不能适应时代发展和市场经济发展，在竞争中也会处于不利地位。

（二）企业发展的需求

对于不同的企业而言，其经营的环境和管理体系也是不同的，但是影响企业经营环境和管理体系的因素是基本相同的。首先，企业经营环境和管理体系都受到了全球经济化趋势日益加强的影响；其次，受到了以知识经济为主体的新经济发展形势的影响；最后，还受到了互联网技术发展的影响。在外部环境影响下，企业面临外部环境的逐渐开放，企业在国际市场中的竞争压力越来越大。就当前来说，新经济环境和新经济形势对企业既是挑战，也是机遇，企业要加强竞争实力，必然要创新经济管理，才能不断地发展和进步。

二、经济管理的职能

随着企业的各项制度的不断完善，组织结构的不断建立健全，作为企业管理核心内容之一的经济管理，其具体的管理和职能的内容也在发生变化。就企业的经济管理职能的含义而言，其实就是企业的经济管理通过企业的再生产环节而体现的所具备的功能。具体来说，经济管理职能由两方面内容决定，一方面是指财务工作的本质的影响；另一方面是指来自管理的理论和实践发展的影响。由于现代社会的经济利益体制及关系的逐渐丰富，企业给经济管理划定的范围逐渐扩大，同时，也给经济管理的职能赋予更多的可能和更大的权限。经济管理的职能主要体现在：首先，财务计划职能，体现在规划和安排未来某一个时间段的财务活动。其次，财务组织职能，体现在科学地对财务系统中相关的各种因素、各个部分等按照一定的顺序和关系进行合理的组织整理。再次，财务控制职能，这一职能的设立是十分必要的，这是为了实现对财务工作中的失误和偏差的及时发现和改正。最后，财务协调职能，这是为了避免一些不必要的财务纠纷，从而利用各种合理的财务协调手段和途径等来维护企业良好的配合关系，以及舒适的财务环境。经济管理自被企业管理独立划分出来并得到广泛使用以来，其职能得到了相当快速的发展。

三、当前企业在经济管理中存在的问题

通过对地质单位"以包代管"造成宏观管理失控，片面强调"动态管理"导致秩序紊乱和忽视对人的管理等现状剖析，提出加强资金、资产管理，降低资金成本和费用支出的设想和具体办法，向管理要效益，使地勘经济健康

发展。

（一）缺乏有效的经济管理控制

企业在经济管理中虽然制定了相应的管理制度，但是这些经济管理制度在实际管理过程中却没有得到很好的应用，缺乏执行力度，大多流于形式，使经济管理不能有效发挥价值。在经济发展的现代，企业管理制度与企业实际经济水平相比较，还存在失衡的问题，经济管理制度对于企业经济发展过程中存在的一些问题，不能及时有效地处理。

（二）企业经济管理组织结构存在问题

企业在经济管理组织上还比较松散，缺乏战斗力。企业要实现良好的经济管理，发挥好经济管理的作用，离不开专业的经济管理人员。但是，就当前企业来说，在经济管理上还存在经济管理组织机构中专业不完善等问题，企业经济管理人员综合素质也不高，这些因素都严重地影响了企业经济管理质量的提高，也制约了企业的发展。

（三）企业在经济管理观念上还比较滞后

企业经济管理观念直接影响了企业经济工作的开展，在传统的经济管理中，企业重视的是如何实现利益最大化，忽略了以人为本的管理理念，但是在新的企业经济管理中，要求在重视企业利益的同时，也需要坚持以人为本的管理理念，在实现企业可持续发展目标的前提下，推动企业经营效益的最大化。但是当前企业经营管理并没有认识到这一点，使企业管理和发展比较粗放。

企业经济管理创新必须重视经济管理制度创新，因为制度能够约束企业经济管理。经济管理制度的创新不但能够采用约束性条款，使企业在市场经营中形成一个高效的经济团体，建立企业内部经济团体构架，在企业自己承担盈亏的前提下，使企业产品开发处处体现创新，展示活力。而且企业经济管理的制度创新还能够在企业内构建激励体制，使企业的发展不受限制与约束的阻碍，也避免因为企业过多开放而出现的种种风险。除此之外，企业经济管理的制度创新的规划、协调与控制要以企业的日常生产经营为依据，形成企业全面的经济管理制度格局，要将制度创新在企业生产经营中科学合理计划组织，提升企业经济管理制度的约束和控制能力。

四、现代企业经济管理中的创新策略

随着经济全球化与一体化进程的不断加快，市场竞争日益激烈，在此时代背景下，企业要想在竞争中脱颖而出，必须不断更新设备设施，提高经济管理水平，勇于创新，使企业的经济管理更好地服务于生产经营，认识到经济管理的创新对企业发展的重要性。

（一）企业经济管理理念创新

思想观念的转变、思想理念的创新都是企业经济管理理念创新的先导，要正确理解企业经济管理理念创新的概念，切实贯彻理念创新。纵览我国企业现状，陈旧的经济管理理念仍阻碍我国企业经济管理的发展，大部分企业管理者思想观念落后，思想更新意识薄弱，竞争意识、危机意识不强。所以，企业要大力倡导理念创新，把理念创新视为经济管理创新的根基，日后的其他管理创新机制都要以理念创新为指导。企业经济管理理念创新不仅纠正了陈旧的、过时的思维模式，还通过独特的视角、思维方法、管理机制为企业经济管理创新提供指导，在企业树立创新管理与科学管理的理念，真正做到创新管理，使企业的生产经营在理念创新的道路上越走越远。

（二）加强对企业经济管理理念的创新

企业要实现经济管理的创新，首先要实现对企业经济管理理念的创新。企业只有掌握了先进的管理理念，才能更好地带领员工实施创新活动。企业高层领导对此要引起重视，可以在企业内部营造一种积极向上的创新环境，让企业所有员工在创新氛围的感染下，积极地学习和创新，掌握必要的创新知识和创新能力。在当前市场经济环境发展的新形势下，企业在市场中的竞争压力越来越大，因此，企业应该建立一种危机意识和制定战略管理机制，从市场环境出发，结合企业当前存在的实际问题，做到统筹全局。

（三）加强对企业经济管理制度的创新

企业要实现管理，离不开企业制度的支持，企业在经济管理创新中，也受到了企业管理制度的制约。因此，企业要实现经济管理的创新，就要加强对企业经济管理制度的创新。首先，应该坚持以人为本的人性化管理机制，为企业员工创造良好的发展条件，加强对人力资源管理的重视，完善人力资源管理制度，建立健全的监督机制和决策机制，并让企业所有员工都积极参与进来，调动员工工作的积极性。

（四）加强对企业经济管理组织模式的创新

在企业经营发展的过程中，经济管理组织发挥巨大的作用，实施有效的经济管理组织可以提高企业经济管理效益。因此，企业要认识到企业经济管理组织模式的重要性，加强对经济管理组织模式的创新。首先，在管理组织建设上，要实施柔性化的管理方式，促进管理组织的多样化；其次，要实现企业经济管理模式的扁平化，简化企业组织层次，提高企业经济管理效益；最后，要促进虚拟化管理机制的建立，借助先进的计算机技术对经济管理组织进行合理规划，实现对经济管理信息的整合，从而建立一种无形的经济管理机制，促进企业经济的发展。

随着经济全球化进程的加快和市场经济改革的完善，企业面临着巨大的竞争压力。创新作为企业发展的基本动力，在经济发展的当下，也是企业提高竞争实力的基本途径。企业要想在当下获得更好的发展，提高企业在市场中的竞争力，就必须对经济管理引起重视，针对企业当前存在的问题，制定有效的经济管理创新对策，不断提高企业经济管理水平。

参考文献

[1] 吴君民，陈远锦.高级工商管理培训教程 [M].镇江：江苏大学出版社，2017.

[2] 张宏远，任真礼.工商管理综合实训教程 [M].沈阳：东北财经大学出版社，2017.

[3] 湛育红.外商直接投资对中国种业影响研究 [M].上海：复旦大学出版社，2017.

[4] 王兰敬.基于创新测度的人文社会科学图书评价研究 [M].北京：中国经济出版社，2017.

[5] 宋源.人类资源原理 [M].上海：上海社会科学院出版社，2017.

[6] 汤姆·雷德曼，阿德里安·威尔金森.工商管理经典译丛·当代人力资源管理（原书第 4 版）[M].聂婷，景婧，付妍，等译.沈阳：东北财经大学出版社，2018.

[7] 林志扬.21 世纪工商管理系列教材·管理学原理 [M].厦门：厦门大学出版社，2018.

[8] 董华.基于"B–S–P"层级的工商管理类本科专业能力培养路径与实践教学体系研究 [M].北京：北京理工大学出版社，2018.

[9] 陈颉，高楠.工商管理专业导论 [M].北京：经济科学出版社，2018.

[10] 毛蕴诗.工商管理前沿专题 [M].北京：清华大学出版社，2018.

[11] 师慧丽.工商管理专业教学论 [M].北京：教育科学出版社，2018.

[12] 王关义.经济管理理论与中国经济发展研究 [M].北京：中央编译出版社，2018.

[13] 吴晓隽.分享经济的发展与政府管制变革研究 [M].上海：上海交通大

学出版社，2018.

[14] 马忠玉.中国与世界经济发展报告 2018 版 [M].北京：中国市场出版社，2018.

[15] 刘晓莉.企业经济发展与管理创新研究 [M].北京：中央民族大学出版社，2018.

[16] 姬雄华.陕北地区工商管理与经济发展研究 [M].西安：陕西人民出版社，2019.

[17] 骆品亮.工商管理系列·定价策略 [M].4 版.上海：上海财经大学出版社，2019.

[18] 李毅，东珠加，冯琳琳.工商管理学科创新人才培养模式探索与实践 [M].北京：经济日报出版社，2019.

[19] 刘中艳，肖遗规.高技术服务业创新机理与绩效研究 [M].武汉：武汉大学出版社，2019.

[20] 张咏莲，沈乐平.21 世纪高等院校工商管理精品教材·公司治理学 [M].3 版.沈阳：东北财经大学出版社，2019.

[21] 刘曙霞.地方应用型本科高校工商管理学科"U–G–E"协同育人的模式与运行机制研究 [M].北京：中国经济出版社，2019.

[22] 徐大丰.我国低碳经济的发展 [M].上海：复旦大学出版社，2019.

[23] 尹德伟.海洋经济发展研究 [M].北京：海洋出版社，2019.

[24] 孟习贞，田松青.经济发展解读 [M].扬州：广陵书社，2019.

[25] 杜浩波.新农村经济发展与分析 [M].北京：现代出版社，2019.

[26] 吴志兴.地方高校工商管理专业应用型人才培养模式研究 [M].沈阳：辽宁大学出版社，2020.

[27] 李贝贝，周莎莎.工商管理与经济统计分析研究 [M].长春：吉林科学技术出版社，2021.

[28] 李晶，杨轶然，刘威达.市场营销渠道建设与工商管理 [M].长春：吉林人民出版社，2021.

[29] 何建佳，张峥，于茂荐.新商科本科实践教学体系的构建与探索·以工商管理专业为例 [M].上海：上海财经大学出版社，2021.

[30] 肖智润.普通高等院校经济管理类十四五应用型精品教材·工商管理系列·企业战略管理·方法案例与实践[M].3版.北京：机械工业出版社，2021.

[31] 王言.中国经济发展新阶段研究[M].太原：山西经济出版社，2021.

[32] 兰小欢.置身事内中国政府与经济发展[M].上海：上海人民出版社，2021.

[33] 左燕薇，李墨溪，刘虔.多维视角下的经济发展战略研究[M].长春：吉林科学技术出版社，2021.

[34] 赵文强.中国民营经济发展的制度变迁研究[M].广州：中山大学出版社，2021.

[35] 刘江桥.从上海经济的变迁看中国近现代经济的发展[M].南京：东南大学出版社，2021.